山西乡村振兴经典案例

先行示范编

《山西乡村振兴经典案例》编纂委员会 编著
丛书主编 / 杨茂林
本册主编 / 孙秀玲 栗 挺

山西出版传媒集团 · 三晋出版社

图书在版编目（CIP）数据

山西乡村振兴经典案例. 先行示范编 /《山西乡村振兴经典案例》编纂委员会编著. —太原：三晋出版社，2024.1

ISBN 978-7-5457-2855-2

Ⅰ.①山… Ⅱ.①山… Ⅲ.①农村—社会主义建设—案例—山西 Ⅳ.① F327.25

中国国家版本馆 CIP 数据核字（2024）第 045377 号

山西乡村振兴经典案例·先行示范编

编　　著：《山西乡村振兴经典案例》编纂委员会
责任编辑：解　瑞
印装监制：李佳音

出 版 者：山西出版传媒集团·三晋出版社
地　　址：太原市建设南路 21 号
电　　话：0351－4956036（总编室）
0351－4922203（印制部）
网　　址：http://www.sjcbs.cn

经 销 者：新华书店
承 印 者：山西新华印业有限公司

开　　本：720mm×1020mm　1/16
印　　张：16.75
字　　数：210 千字
印　　数：1-1000 册
版　　次：2024 年 1 月　第 1 版
印　　次：2024 年 8 月　第 1 次印刷
书　　号：ISBN 978-7-5457-2855-2
定　　价：60.00 元

序言

实施乡村振兴战略，是党的十九大作出的重大决策部署，是决胜全面建成小康社会、全面建设社会主义现代化国家的重大历史任务，是新时代“三农”工作的总抓手。自2006年全面取消农业税之后，“三农”就成为历年中央一号文件关注的重点，乡村发展越来越受到重视，各类扶持政策和资源投入不断加大。从家电下乡、农机购置补贴、粮食直补到新农村建设，国家对于乡村的资源投入力度可谓前所未有。新时代更是把乡村建设与发展放在了突出的战略位置，无论是精准扶贫打赢脱贫攻坚战，还是建设秀美乡村让人“望得见山、看得见水、记得住乡愁”，都赋予了乡村在新时代不同以往的新的地位。《乡村振兴战略规划（2018—2022年）》明确提出，到2035年，乡村振兴将取得决定性进展，农业农村现代化基本实现；到2050年，乡村全面振兴，农业强、农村美、农民富全面实现。这为新时期乡村振兴的目标描绘了蓝图。

乡村，作为城市建成区以外具有自然、社会、经济特征和生产、生活、生态、文化等多重功能的地域综合体，其结构性特征和主体性功能会随着国家现代化的推进而演变。对乡村发展愿景的展望，应当以国家现代化愿景为基本参照。在构建高品质农产品生产空间上，未来乡村将加快构建农业现代生产体系，全面提高农产品生产品质，努力保障城乡居民对食品质量的消费需求；在构建高活力创新创业空间上，乡村新产业、新业态、新商业模式快速发展，未来乡村将为社会资本、企业家、优质劳动力等创新创业要素提供重要的空间载体；在构建高品质居住生活空间上，农村人居环境和公共服务得到大幅跃升，未来乡村将会成为农民的幸福家园和部分城市居民实现田园生活的梦想依托；在构建高颜值生态空间上，乡村提供生态产品和生态服务的功能将进一步彰显，绿水青山将真正变为未来乡村的金山银山。未来的乡村，在各显其美的同时也与现代文明水乳交融，生活在乡村的人们，生活将变得更富足、更健康、更智能。

习近平总书记高度重视“三农”工作，党的十八大以来，习近平新时代中国特色社会主义思想在“三农”事业中得到生动体现，从“中国要强，农业必须强；中国要美，农村必须美；中国要富，农民必须富”的重要论述到“任何时候都不能忽视农业、不能忘记农民、不能淡漠农村”和坚定不移推进农村改革发展和谐稳定的核心要求；从“四化同步”发展的战略任务到“四个全面”战略布局；从“农业农村已经进入新的历史阶段”的重大判断到农业供给侧结构性改革的扎实推进，一系列新思想、新理念、新论断的提出，科学回答了新时代“三农”工作的重大理论和实践问题。这是习近平新时代中国特色社会主义思想的重要组成部分，是指导我国农业农村发展取得历史性成就、发生历史性变革的科学理论，也是做好新时代“三农”工作的行动指南。深入贯彻落实习近平新时代中国特色社会主义思想是扎实推进乡村振兴战略，加快补齐农业农村短板，实现农业农村现代化的重大战略机遇。

当今世界正处于百年未有之大变局，国内外形势正在发生深刻复杂变化，中国的发展已经进入从全面小康向共同富裕快速迈进的新阶段，但解决发展不平衡不充分问题的形势依然严峻，构建以国内大循环为主、国内国际双循环发展格局的任务依然艰巨。“民族要复兴，乡村必振兴。”必须着眼国家重大战略需要，稳住农业基本盘、做好“三农”工作，接续全面推进乡村振兴，确保农业稳产增产、农民稳步增收、农村稳定安宁。

《山西乡村振兴经典案例》这套丛书以图文并茂的形式，将理论与实践相结合，采用简明扼要的语言和清晰的图表，把乡村振兴的复杂概念和策略转化为易于理解的知识。本丛书案例解析生动，内容实用而又易于理解，具有很强的可读性，读者能够在愉悦的阅读体验中深刻领悟乡村振兴战略的精髓并学以致用。丛书主要呈现以下三个方面的特点：

一是紧紧围绕乡村振兴的总目标，彰显山西乡村振兴战略创新与丰富成果。习近平总书记指出，乡村振兴是包括产业振兴、人才振兴、文化振兴、生态振兴、组织振兴的全面振兴，实施乡村振兴战略的总目标是实现农业农村现代化。从内涵上讲，农业农村现代化是一个全面而协调的发展过程，涵盖了物质文明、政治文明、精神文明、社会文明和生态文明的全面提升。这一过程不仅包括农村产业、生态、文化、治理的现代化，也涉及农民生活的现代化。在乡村振兴的实践中，山西紧紧围绕总目标，取得了一定的成效。农村产业现代化方面，榆次区张胡村通过建设高标准智能型温室大棚，打响了“张胡”蔬菜公共品牌，成为当地农业发展的一张亮丽名片；临猗县依托电子商务平台，创新形成了农村电商助推乡村振兴的“临猗模式”，为农产品打开了更广阔的市场空间；平顺县通过校地合作、聘用农技人员，将先进的科技力量注入乡村产业发展中，有效提升了农业生产效率和产品质量。农村生态现代化方面，沁水县、灵丘县通过将生态保护与文旅产业深度融合，探索出了一条生态优先、绿色发展的道路，实现了人与自然的和谐共生。农村文化现代化方面，各地积极挖掘和传承德孝文化、圣贤文化、农耕文化等中华优秀传统文化及红色文化，不断赋予其新的时代内涵，使之成为推动乡村文化振兴的重要支撑。乡村治理现代化方面，5G、云计算、移动互联网等前沿科技的广泛应用，为乡村治理提供了强大的技术支撑，提高了治理效率，增强了治理的精准性和透明度。上党区振兴村推出的党员学习“e本通”平台就是一个典型的案例，它利用数字化手段，为党员提供了便捷的学习渠道，增强了党组织的凝聚力和战斗力。农民生活现代化方面，山西积极改善农村人居环境，在2024年省委一号文件中提出持续抓好农村人居环境整治提升，许多村庄实现了从脏乱差到美如画的转变，基础设施更加完备、公共服务更加便利、人居环境更加舒适。

二是牢牢把握乡村振兴的总要求，展现因地制宜、分类施策的实践智慧。“产业兴旺、生态宜居、乡风文明、治理有效、生活富裕”是乡村振兴的总要求，深刻反映了新时代农业农村发展的新阶段，也寄托着亿万农民群众的新期待。其中，产业兴旺是重点、生态宜居是关键、乡风文明是保障、治理有效是基础、生活富裕是根本。2017年以来，山西的乡村振兴实践以这二十字为统领，积累了一些宝贵的经验和创新实践。在这套丛书中，产业兴旺案例有12个、生态宜居案例有12个、乡风文明案例有12个、治理有效案例有11个、生活富裕案例有12个。产业兴旺部分，精选了皇城村多元化产业发展模式、云丘山村文旅融合战略、云州区小黄花特色产业等案例，展示了乡村产业的创新活力与多样化发展路径。生态宜居部分，剖析了阳城县河流污水治理、安泽县"六乱"整治、右玉县造林绿化等做法，彰显了生态保护与环境治理的决心与成果。乡风文明部分，聚焦雷家坡村德孝文化的传承、蒲县"道德银行"积分制的创新应用、峪里村农耕文化的弘扬等，体现了乡村文化传承与精神文明建设的深厚底蕴。治理有效部分，通过展示西垴头村"十户联创"、姚村的"六六共治"、静乐县的"星级文明户"等做法，体现了乡村治理的新形式与有效途径。生活富裕部分，展示了什贴村农村集体产权改革、三泉镇农业生产"托管"、天镇县劳务输出等创新举措，反映了提高农民收入与促进农村经济发展的实际成效。

三是深入探讨乡村振兴有效路径，确保经验的普适性与实践的可复制性。这套丛书精选并深入探讨了山西11个地市59个乡村振兴案例，集中展现了山西在实施乡村振兴战略中的创新实践和显著成效，提供了全面了解山西乡村振兴工作的窗口。在内容编写上，着重突出了当地的做法、过程和亮点，同时强调了经验启示的普适性和可复制性，确保这些经典案例能够为其他地区提供可借鉴的发展路径，助推乡村振兴战略科学有效实施，促进农业农村各项事业可持续发展。为了拓宽视野，本丛书还特别收录了一些具有代表性的省外案例，比如浙江省的“千万工程”、四川省明月村的“艺术乡建”以及贵州省舍烹村的“三变模式”等，这些案例进一步丰富了乡村振兴的实践库，为不同地区的乡村振兴提供了多样化的参考，体现了典型引路和示范带动的作用。但要注意的是，在学习和借鉴这些乡村振兴的典型做法时，一味地模仿只会“水土不服”，关键在于如何将这些创新性的“金点子”与本地区的实际情况相结合，转化为切实可行的发展策略。这需要深入理解每个案例背后的逻辑和原理，分析其成功的关键因素，并根据本地的资源禀赋、文化特色和社会条件，进行创造性的调整和改良，以确保策略的本地化和有效性，实现乡村振兴的可持续发展。

道阻且长，行则将至。全面实施乡村振兴战略，其深度、广度、难度都不亚于脱贫攻坚。当前，我们要以习近平新时代中国特色社会主义思想为指导，全面贯彻落实党的二十大和二十届二中、三中全会精神，深入贯彻落实习近平总书记关于“三农”工作的重要论述，坚持和加强党对“三农”工作的全面领导，以建设农业强国为目标，以“千万工程”等成功经验为引领，奋力谱写农业更加高质高效、农村更加宜居宜业、农民更加富裕富足的乡村振兴新篇章，为实现中国式现代化贡献乡村力量。

杨茂林

2024 年 7 月

第一章 总述 …… 001
第一节 先行示范县基本情况与主要特征 …… 004
第二节 先行示范县乡村振兴战略实施成效 …… 019
第三节 率先突破、先行先试的有利条件与现实困境 …… 038
第四节 打造乡村振兴样板县的推进路径 …… 047

第二章 产业兴旺 …… 057
第一节 概述 …… 059
第二节 多产业发展带富农民带旺村庄——晋城市皇城村 …… 060
第三节 田园蔬果打造全省乡村振兴先行区——榆次区张胡村 …… 068
第四节 走出煤炭经济转型困局新路——晋源区赵家山村 …… 074
第五节 赋能传统文化发挥比较优势——尧都区沟上村 …… 078

第三章 生态宜居 …… 087
第一节 概述 …… 089
第二节 “百村景区化”高标准建设美丽乡村——太原市晋源区 …… 093
第三节 拆旧增绿建设生态新家园——朔州市朔城区 …… 102
第四节 打造沁河流域污水治理示范区——晋城市阳城县 …… 106

第五节 实施生态靓市战略，打造绿色美丽新环境
——运城市河津市 …… 110

第四章 乡风文明 …… 117
第一节 概述 …… 119
第二节 以德孝文化展现乡风文明新面貌——盐湖区雷家坡村 …… 120
第三节 乡村振兴文明示范廊带的重点示范——太谷区白燕村 …… 128
第四节 孕育内外兼修文明之美——上党区永丰村 …… 134
第五节 党建引领“四范融合”推进文明乡风——阳泉市郊区 …… 140

第五章 治理有效 …… 149
第一节 概述 …… 151
第二节 提升“三力”促善治——小店区刘家堡乡 …… 156
第三节 智慧党建创新乡村治理模式——上党区振兴村 …… 164
第四节 “三治”融合兴乡村——尧都区枕头村 …… 171
第五节 “十户联创”实现全民参与乡村治理
——襄垣县西堖头村 …… 177

第六章　生活富裕 …… 183
第一节　概述 …… 185
第二节　聚焦产业新方向，文旅康养促增收——晋城市司徒村 …… 186
第三节　改革农村集体产权，壮大农村集体经济
——榆次区什贴村 …… 193
第四节　党建引领作支撑，凝聚力量同共振——曲沃县里村镇 …… 200
第五节　创新发展思路，多渠道增收致富——侯马市垤上村 …… 210

附录　省外经典案例 …… 217
第一节　浙江“千村示范、万村整治”推动乡村华丽蝶变 …… 219
第二节　乡村振兴苏南之路 …… 230
第三节　浙江特色小镇崛起 …… 238
第四节　广东城乡融合发展路径 …… 245

后记 …… 253

第一章

总述

第一节　先行示范县基本情况与主要特征
第二节　先行示范县乡村振兴战略实施成效
第三节　率先突破、先行先试的有利条件与现实困境
第四节　打造乡村振兴样板县的推进路径

党的二十大报告提出，要全面推进乡村振兴。[①] 报告还提出，全面建设社会主义现代化国家，最艰巨最繁重的任务仍然在农村，要“坚持农业农村优先发展，坚持城乡融合发展，畅通城乡要素流动”。乡村振兴战略是在总结我国农业农村发展历史性成就的基础上，对农业农村发展乃至城乡社会结构与关系的内在逻辑进行的系统性和整体性重构，既是对新时代中国“三农”现实问题的科学理论回应和重大实践决策，也是关于中国乡村发展理论和实践的又一重大制度创新。乡村振兴的先行示范是社会主义新时代条件下对乡村振兴战略的延续、发展和超越，本质是以不断探索破解乡村全面振兴面临的主要矛盾和突出问题为重点，通过进一步激活乡村要

① 习近平：《高举中国特色社会主义伟大旗帜 为全面建设社会主义现代化国家而团结奋斗——在中国共产党第二十次全国代表大会上的报告》，2022年10月16日。

素活力和内生动力，提升乡村竞争力和可持续发展能力，继续推动乡村转型，重塑城乡关系，最终全面实现农业强、农村美、农民富。

山西的乡村振兴先行示范，是伴随着习近平新时代中国特色社会主义思想在山西的光辉实践而逐步推进的，融合了新中国成立以来特别是改革开放以来中国共产党在“三农”领域建设、改革、发展的一系列理论与实践。这些先行示范具有相当程度的前瞻性和指导性，为山西缩小区域、城乡差距，加快推进全省“三农”发展，提供了宝贵的模式总结与经验借鉴。这正表明，山西的乡村振兴先行示范蕴含着丰富的理论内涵和实践经验，需要随着旧问题的解决与新问题的出现而不断充实和更新，需要面向新的时代条件进行不断地探索创新与经验总结。

第一节　先行示范县基本情况与主要特征

2021 年，山西省委农村工作领导小组将全省 117 个县（市、区）划分为乡村振兴先行示范、整体推进、重点帮扶“三类县”，其中乡村振兴先行示范县 31 个，并指出先行示范县在“十四五”时期的重点任务是：加快城乡融合发展，在县域范围内提升城乡融合内涵和在品质上做文章，推动形成工农互促、城乡互补、协调发展、共同繁荣的新型工农城乡关系。通过先行示范、积累经验、率先突破，创建一批城乡融合发展典范，打造一批乡村振兴样板。到 2025 年，率先基本实现农业农村现代化。近年来，山西省乡村振兴先行示范县全方位高质量发展步伐不断加快，不仅乡村振兴战略“五大振兴”目标初步实现，在县域经济转型升级、城乡关系转变与城乡融合等方面也进行了一系列探索创新，取得了初步成效。目前，乡村振兴先行示范县已成为全省加快乡村振兴战略推进、缩小区域差距和城乡差距、助推城乡融合的“创新区”和“试验田”。

一、基本情况

全省乡村振兴先行示范县共 31 个，占全省县（市、区）总数的 26.5%，从地区生产总值、财政收入、居民收入与消费结构、产业结构、主要农产品产量等指标来看，乡村振兴先行示范县的经济社会发展水平领先于其他县（市、区）。同时，乡村振兴先行示范县作为全省人口较为集聚、区位优势突出、经济基础较好的县（区、市），在产业转型、乡村形态、城乡关系等方面已经显著超越了“县域”的范畴，基本具备了“城市”或“初步具有城市形态的现代化乡村”的特征。

（一）整体分布情况

山西省乡村振兴先行示范县的确定，综合考虑了县域人均GDP、一般公共预算收入、农民人均可支配收入、建档立卡脱贫人口规模和人均纯收入、城镇化率等因素，在全省117个县（市、区）中，共划分了31个乡村振兴先行示范县。从空间分布来看，乡村振兴先行示范县在省域范围内分布较为分散，但相对集中在晋中和晋东南。从分属城市来看，太原市的先行示范县数量最多（6个），晋城市4个，阳泉市、长治市、临汾市均有3个，其余城市均有2个先行示范县。

表1-1　山西省乡村振兴先行示范县名单

市	先行示范县	个数	占比（%）
太原	迎泽区、杏花岭区、万柏林区、尖草坪区、小店区、晋源区	6	19
大同	平城区、云冈区	2	6
朔州	朔城区、怀仁市	2	6
忻州	忻府区、原平市	2	6
吕梁	离石区、孝义市	2	6
晋中	榆次区、太谷区	2	6
阳泉	阳泉城区、阳泉矿区、阳泉郊区	3	10
长治	潞州区、上党区、襄垣县	3	10
晋城	晋城城区、高平市、阳城县、泽州县	4	13
临汾	尧都区、侯马市、曲沃县	3	10
运城	盐湖区、河津市	2	6
合计		31	

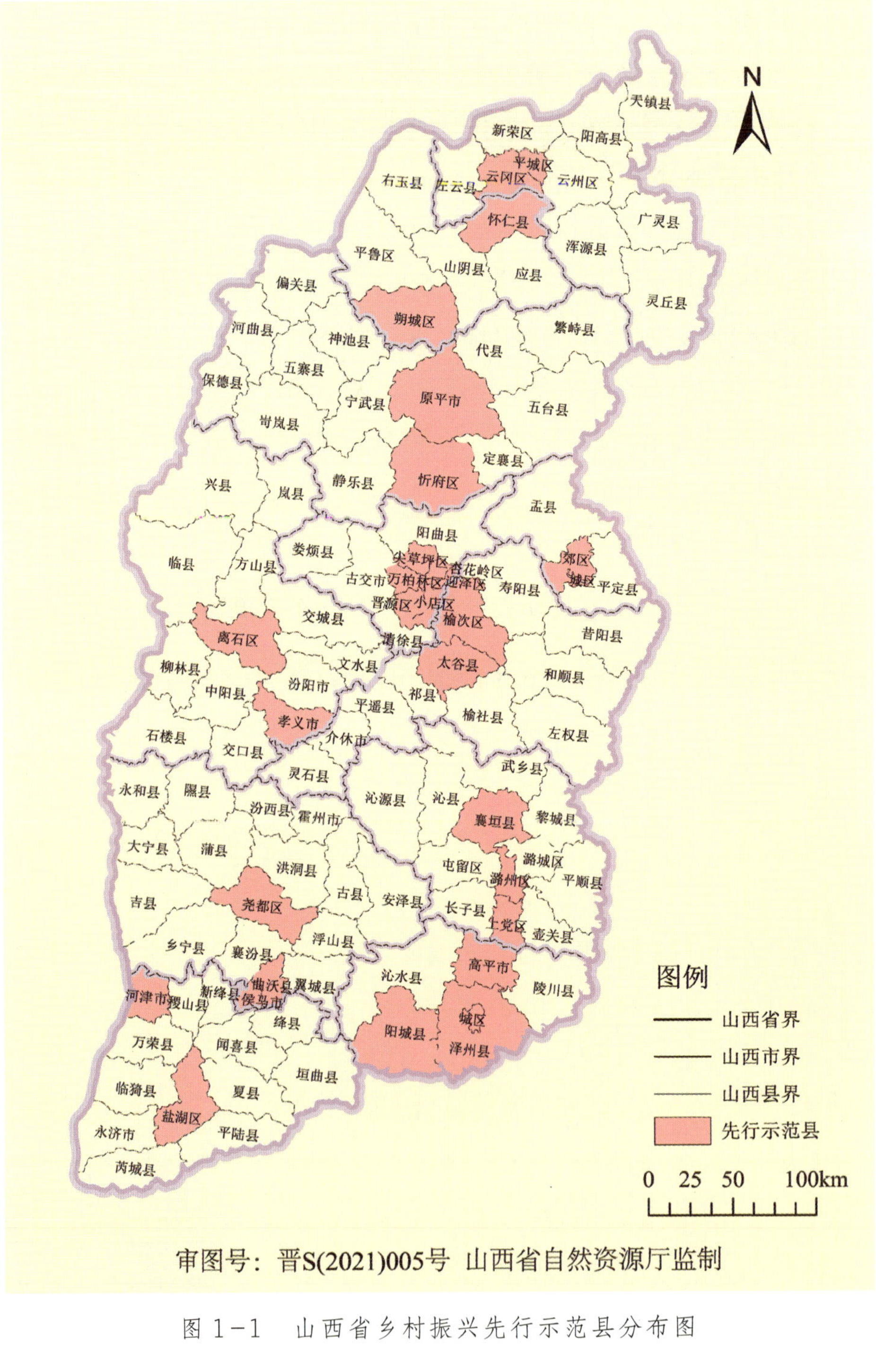

图 1-1 山西省乡村振兴先行示范县分布图

（二）主要发展指标情况

理清山西省乡村振兴先行示范县的基本情况，对于实施乡村振兴战略部署有着重要的意义。本节综合考虑经济发展情况，选取了GDP、一般公共预算收入、社会消费品零售总额、人均可支配收入等指标分析先行示范县的整体经济社会发展情况。

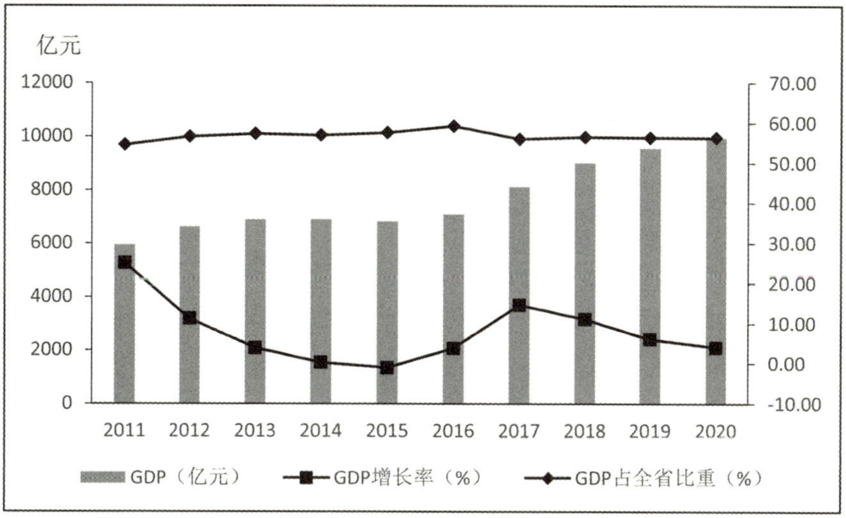

图 1-2 山西省乡村振兴先行示范县合计 GDP 情况

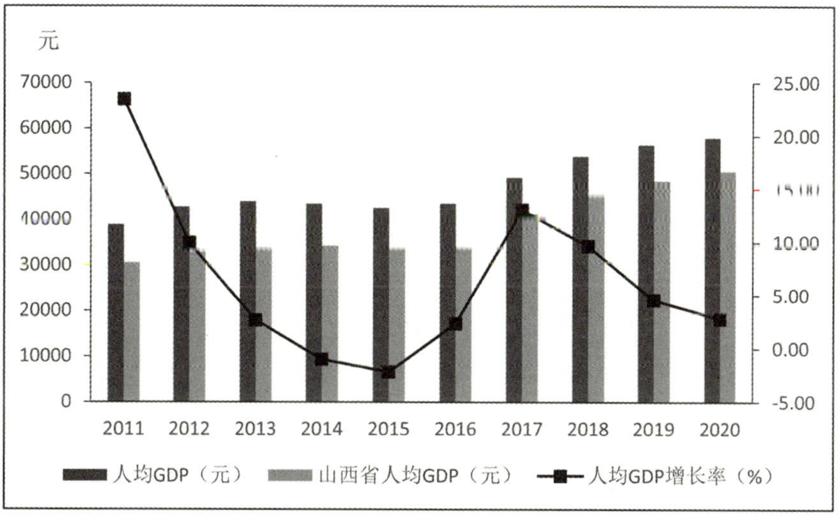

图 1-3 山西省乡村振兴先行示范县人均 GDP 情况

1. 县域经济实力不断增强

2011 至 2020 年，山西省乡村振兴先行示范县合计 GDP 和人均 GDP 呈现波浪式上升的趋势（见图 1-2），合计 GDP 从 2011 年的 5947 亿元上升到了 2020 年的 9948 亿元，人均 GDP 从 2011 年的 38897 元上升到了 2020 年的 57996 元。近十年来，山西省乡村振兴先行示范县合计 GDP 占全省的比重大约稳定在 55%—60% 之间；对于人均 GDP 而言，2011—2020 年先行示范县人均 GDP 均高于山西省人均 GDP（见图 1-3）。在增长率方面，山西省先行示范县合计 GDP 和人均 GDP 增长率 2011 年至 2015 年逐年下降，合计 GDP 增长率从 25.06% 下降到 -1.03%，人均 GDP 从 23.42% 下降到 -2.13%，下降幅度较大；2015 年至 2017 年逐年上升，合计 GDP 增长率从 -1.03% 上升到 14.65%，人均 GDP 从 -2.13% 上升到 13.05%，增长幅度较大；2017 年至 2020 年增长率为正但逐年下降。究其原因，2012 年至 2015 年由于煤炭产能过剩、煤价持续下跌，合计 GDP 和人均 GDP 呈现负增长，2015 年至 2017 年通过实行供给侧结构性改革，增加高端产品供给，促进山西产业结构转型，山西经济发展由“疲”转“兴”，合计 GDP 和人均 GDP 快速增长，同比增长率分别达 16% 和 14%，为近十年最高。

分地区来看，经济增长的地区差异性较大。2020 年山西省乡村振兴先行示范县中 GDP 排在前五名的县（市、区）分别是小店区（1063.68 亿元）、迎泽区（902.18 亿元）、杏花岭区（749.69 亿元）、万柏林区（486.04 亿元）、潞州区（472.55 亿元），人均 GDP 排名前五的县（市、区）分别是迎泽区（151846 元）、杏花岭区（96562 元）、阳泉城区（92208 元）、襄垣县（86379 元）、小店区（79273 元），前五名大部分为太原市的六城区。

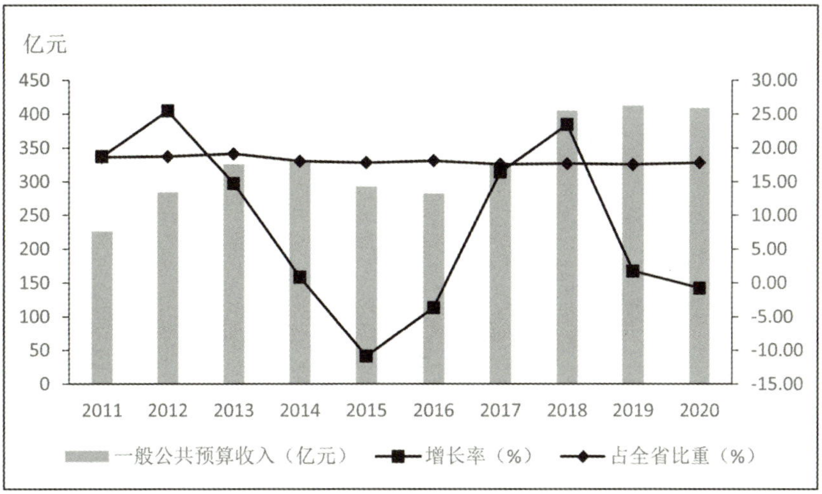

图 1-4　山西省乡村振兴先行示范县财政收入情况

2. 一般公共预算收入平稳增长

山西省先行示范县总的一般公共预算收入整体呈上升趋势（见图 1-4），从 2011 年的 226 亿元增加到了 2020 年的 409 亿元，在绝对值上增长了近一倍。就增长率而言，波动幅度较大，2012 年至 2015 年增长率逐年下降，从 25.46% 下降到了 -10.9%，下降幅度较大；2015 年和 2016 年出现了负增长，一般公共预算收入下降；2017 年之后一般公共预算收入稳定在较高水平，在 400 亿元左右，增长率为正，但逐年下降。近十年来，山西省乡村振兴先行示范县合计一般公共预算收入占山西省一般公共预算收入的比重稳定在 18% 左右。

分地区来看，2020 年山西省乡村振兴先行示范县中一般公共预算收入排名前五的县（市、区）分别是孝义市（27.06 亿元）、泽州县（26.50 亿元）、高平市（23.74 亿元）、小店区（23.72 亿元）、万柏林区（20.13 亿元）。

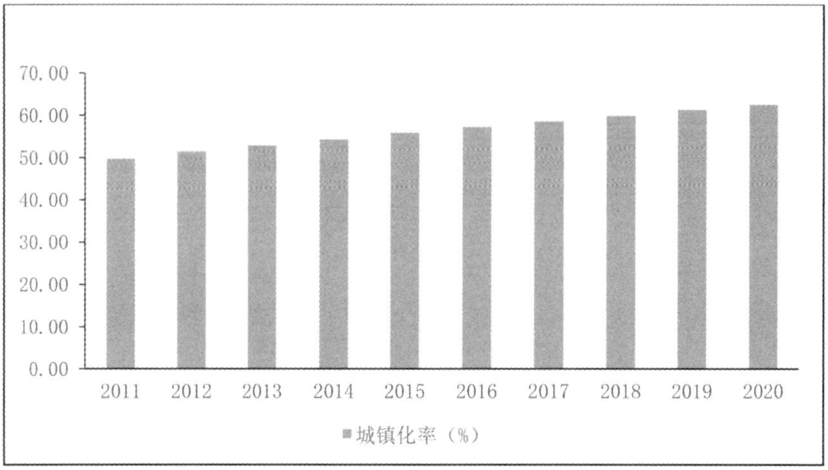

图 1-5 山西省乡村振兴先行示范县城镇化率

3. 城镇化率稳步提升

2011 年至 2020 年，山西省乡村振兴先行示范县城镇化率呈现稳步上升趋势（见图 1-5），从 2011 年的 49.79% 增长到 2020 年的 62.53%，人口逐渐向城市转移，城市化进程较为平稳。

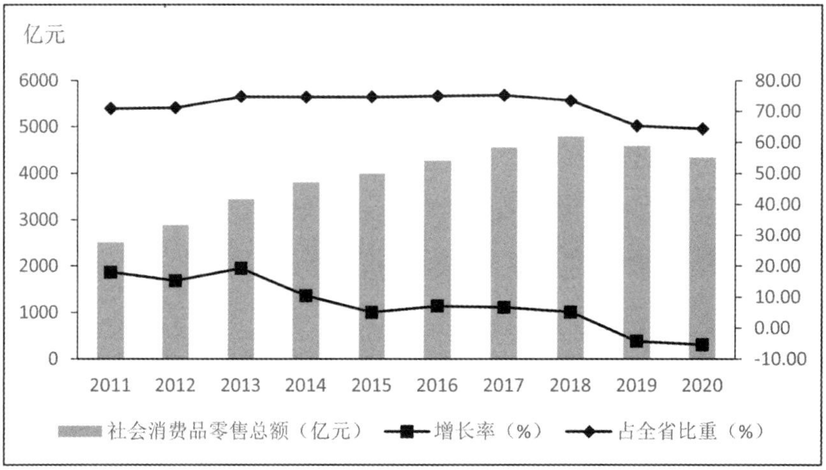

图 1-6 山西省乡村振兴先行示范县合计社会消费品零售总额情况（一）

4. 商业贸易稳定发展

2011 年至 2020 年，山西省乡村振兴先行示范县合计社会消费品零售总额总体呈上升趋势（见图 1–6），从 2011 年的 2506 亿元增长到 2020 年的 4345 亿元，增长速度较快；其中 2018 年社会消费品零售总额最高，为 4794 亿元。近十年来，增长率总体呈下降趋势，2019 年和 2020 年出现了负增长。近十年来，山西省乡村振兴先行示范县合计社会消费品零售总额占全山西省的比重始终保持在 70% 以上，2018 年占比最高，达到了 75% 以上。

分地区看，2020 年山西省乡村振兴先行示范县中社会消费品零售总额排名前五的县（市、区）分别是小店区（485.03 亿元）、迎泽区（370.22 亿元）、潞州区（342.48 亿元）、平城区（341.00 亿元）、晋城城区（283.53 亿元）。

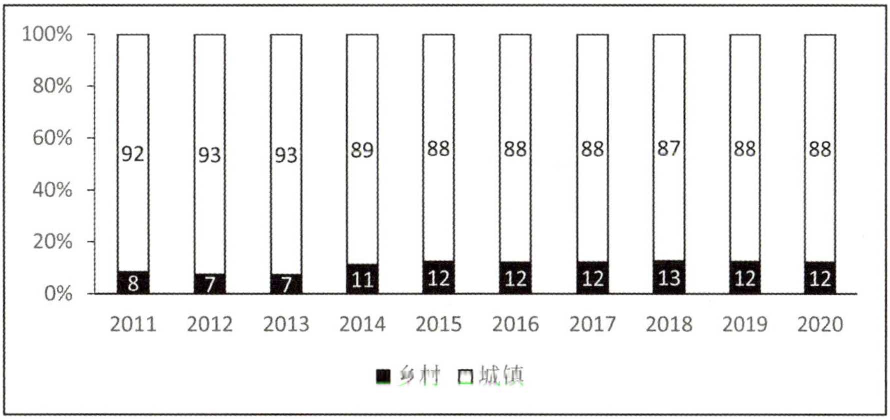

图 1–7　山西省乡村振兴先行示范县社会消费品零售总额情况（二）

5. 城乡社会消费水平逐步缩小

在社会消费品零售总额构成比例中，乡村社会消费品零售总额占比低，只占到了 10% 左右，但近十年来总体呈上升趋势（见图 1–7）；城镇社会消费品零售总额占比高，占到了 90% 左右，但近十年总体呈下降趋势。

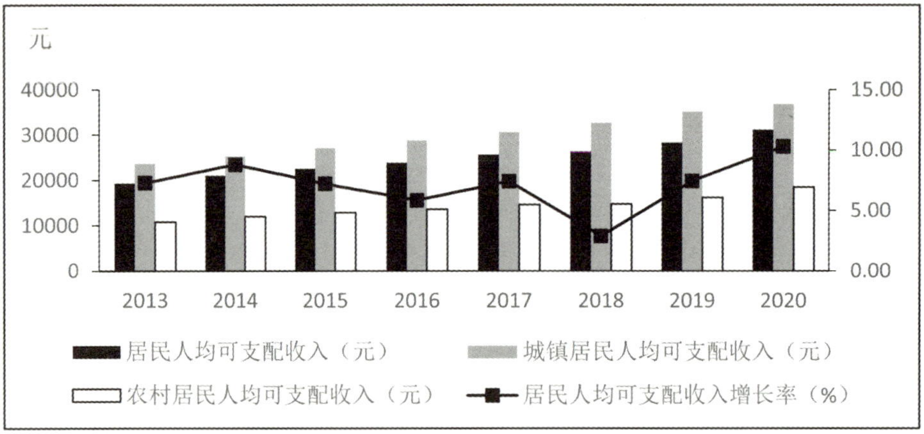

图 1-8 山西省乡村振兴先行示范县居民人均可支配收入情况

6. 城乡居民收入不断增长

2013 年至 2020 年，山西省乡村振兴先行示范县居民人均可支配收入呈现不断增长的趋势（见图 1-8），年均增长率达到 7.10%。在绝对量上，2013 年至 2020 年，均大于全省居民人均可支配收入，2020 年先行示范县居民人均可支配收入为 31189 元，大于全省居民人均可支配收入水平（25214 元）。农村居民人均可支配收入明显小于城镇，但年均增长率为 8.07%，大于城镇居民人均可支配收入的年均增长率水平（6.52%）。增长速度快于城镇，显示了农村居民消费的潜力。在居民人均可支配收入的增长率上，除 2018 年增速较低外，其余年份较为平稳。

分地区看，2020 年山西省乡村振兴先行示范县中居民人均可支配收入排名前五的县（市、区）分别是晋城城区（38780 元）、潞州区（37830 元）、小店区（36881 元）、迎泽区（36846 元）、杏花岭区（36811 元）。

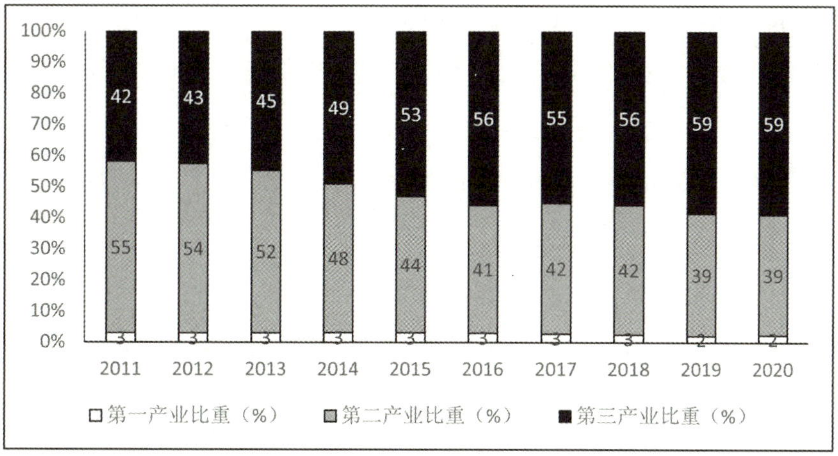

图 1-9 山西省乡村振兴先行示范县三次产业占比情况

7. 县域产业结构不断优化

2011 年至 2020 年，山西省乡村振兴先行示范县第一产业比重稳中有降，第二产业比重不断呈下降趋势，第三产业比重不断上升，产业结构不断优化升级（见图 1-9）。2020 年，产业结构比例由 2011 年的 3:55:42 调整为 2:39:59。

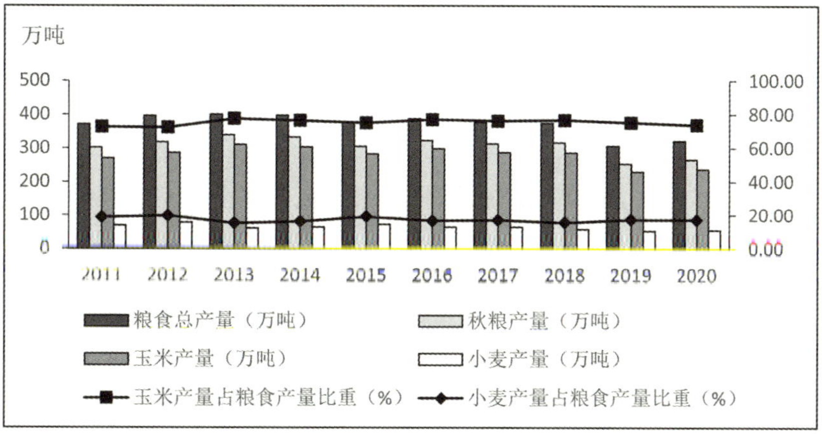

图 1-10 山西省乡村振兴先行示范县合计粮食产量情况

8. 粮食生产保持平稳

山西省乡村振兴先行示范县以秋粮为主（见图 1-10），秋粮产量在粮食总产量中占比在 80% 以上。在粮食生产结构上，小麦与玉米产量合计占比 90% 以上，小麦产量在粮食总产量中占比在 20% 左右，玉米产量比重则稳定在 80% 左右。山西省乡村振兴先行示范县的合计粮食总产量在 2011 年至 2018 年稳定在 350 万吨以上，2019 年至 2020 年有所下降。

分地区看，2020 年山西省乡村振兴先行示范县中粮食总产量排名前五的县（市、区）分别是原平市（344317 吨）、忻府区（312063 吨）、朔城区（275947 吨）、怀仁市（256243 吨）、尧都区（200891 吨）。

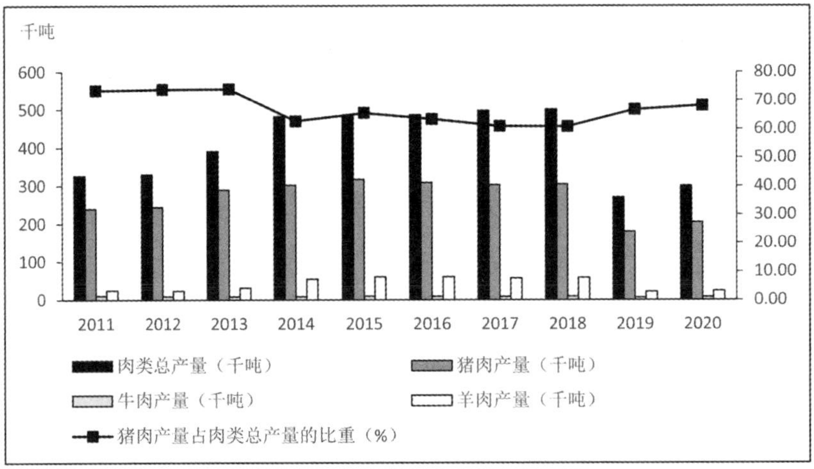

图 1-11　山西省乡村振兴先行示范县合计畜牧业生产情况

9. 畜牧业稳定发展，肉类供应充足

山西省乡村振兴先行示范县肉类总产量呈现阶段上升特征（见图 1-11），2011 年至 2018 年，呈现上升趋势，其中，2014 年至 2018 年肉类总产量保持在高位水平；2019 年至 2020 年，受猪年末存栏量减少的影响，肉类总产量在低位呈现上涨趋势。在肉类生产结构上，以猪肉为主，牛肉和羊肉为补充，猪肉产量在肉类总产量中占比维持在 65% 左右。

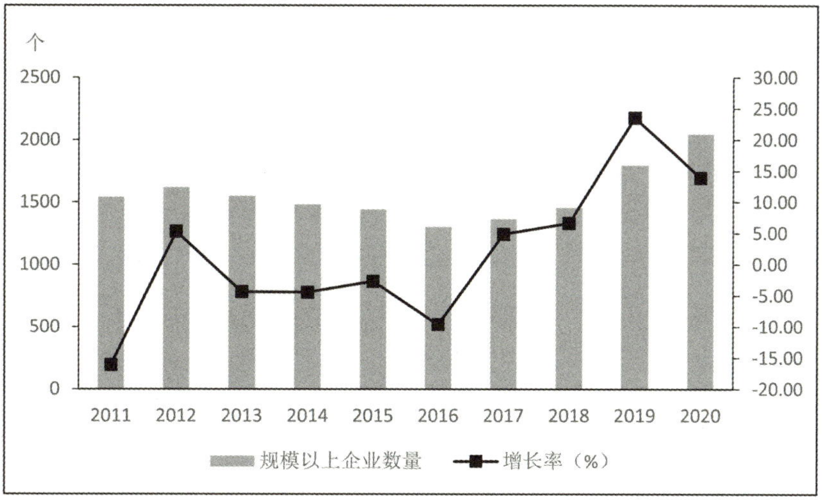

图 1-12　山西省乡村振兴先行示范县合计工业发展情况

10. 规模以上企业数量稳中有升

2011 年至 2020 年，山西省乡村振兴先行示范县规模以上企业数量变化呈现阶段性变动特征（见图 1-12），2011 年至 2016 年，受经济危机和国际经济复苏乏力的影响，规模以上企业数量稳中有降。2016 年至 2020 年，随着新发展理念的全面贯彻，全省经济结构持续优化，县域经济持续走强，规模以上企业数量不断回升。

分地区看，2020 年山西省乡村振兴先行示范县中拥有规模以上企业数量排名前五的县（市、区）分别是榆次区（198 个）、孝义市（143 个）、怀仁市（117 个）、泽州县（113 个）、尖草坪区（100 个）。

二、基本特征

乡村振兴的先行示范是乡村振兴战略实施过程中的高级阶段，是通过对县域内空间布局、要素调配、产业形态、制度设计等一系列内容的转型升级，在经济地理空间拓展的基础上，系统改造乡村经济社会结构，推动县域范围内城乡关系的总体变革。也正因此，山省乡村振兴先行示范县的发展立足于乡村振兴又不局限于“乡村”的振兴，为全省乡村振兴战略的深入实施打下了坚实基础、进行了新的探索、积累了成功经验。

（一）经济基础较好、发展速度较快

2021 年，山西全省 31 个先行示范县合计常住人口 1728 万人，占全省常住人口比重为 49.68%；合计地区生产总值 12396 亿元，占全省地区生产总值的比重为 55.05%；合计一般公共预算收入 494 亿元，占全省一般公共预算收入的比重为 41.70%；合计一般公共预算支出 919.95 亿元，占全省一般公共预算支出的比重为 32.31%。先行示范县的经济总量及增长情况都优于全省平均水平。先行示范县城乡居民人均收入相对较高。2020 年，31 个先行示范县居民人均可支配收入均高于 23000 元，其中高于 35000 元的 12 个，不足 30000 元的 14 个。全省范围看，居民人均可支配收入高于 23000 元的县（市、区）共 44 个，其中先行示范县 31 个，占比 70% 以上。经济增长与城乡居民收入提高的基础上，先行示范县城乡居民生活水平也在不断提升，消费结构明显升级。2020 年，31 个先行示范县实现社会消费品零售总额合计 4945 亿元，占全省社会销售品零售总额的 64.40%。城乡消费结构方面，2020 年乡村社会销售品零售占全部社会销售品零售总额的比重为 12.19%，较 2019 年增加 0.1 个百分点。

（二）县域经济已开始向“都市区经济”转型

“都市区经济”是跨行政区域的区域经济，是以中心城市为核心，以区域市场为基础，以现代化程度较高的三次产业为动力，同广大外围地区联系密切，区域内要素流动比较自由、产业关联度较强、公共资源配置相对均衡且有效共享，具有较强一体化倾向的区域经济。目前来看，山西省 31 个乡村振兴先行示范县的县域经济发展早已不仅局限于农业经济，而是在做优做强“一村一品”、农业三次产业融合发展的基础上，形成农业、工业、服务业、“互联网+”等多元联动、不断融合、持续迭代的综合经济形态，并已从产业的分散式布局和乡镇为主的点状经济向工业园区化、农业基地化、城镇集中化的块状经济演变。小店区、泽州县等部分较发达县（市、区）已经突破区域行政分割和市场分割，开始融入都市圈和城市群网状经济。整体来看，乡村振兴先行示范县的经济发展，已经在县域空间范围内处于结构转型调整、动力新旧转换、效率持续提升、质量不断变革的经济发展过程，“都市区经济”的形成和发展成为县域经济发展的新的动力源。

（三）乡村形态由农村向城市社区转型

2020 年 4 月，国家发展和改革委员会发布的《2020 年新型城镇化建设和城乡融合发展重点任务》中明确提出，要构建大中小城市和小城镇协调发展的城镇化空间格局，形成高质量发展动力系统，并明确提出，推进县城为重要载体的新型城镇化建设。县城是连接城市和乡村的关键枢纽，是县域经济的核心板块，是城乡融合发展的重要平台。实际上，山西省乡村振兴先行示范县在乡村形态上，已超越行政村聚居，初步形成了城市社区。山西省 31 个乡村振兴先行示范县中，有相当一部分是所在市的市政府所在地，甚至本身就属于“市区”，例如小店区、迎泽区等六区本身就属于太原市区，朔州市朔城区、吕梁市离石区、临汾市尧都区、阳泉市城区、晋中市榆次区等也属于相同的情况，泽州县的“县城”也在晋城市区范围之内。这些先行示范县本身已经进入了县域“城镇化”的高级阶段，甚至已经没有所谓“县城”的概念，而是表现出就地城镇化（社区化）、就地工业化、就地第三产业化的特征，从而彻底走向“城区化”，城乡要素资源由“单向流动”向“双向流动”转变，城乡基本公共服务由不均等向均质化转变，实现了城乡社会融合、城乡生活理念及生活方式融合，成为区域中心城市的一部分（或原本其本身就是区域中心城市的一部分）。

（四）在产业、城乡一体等方面的区域性制度探索

县域是深化乡村振兴战略各项具体政策举措的最直接践行者。在乡村振兴战略实践中，县（市、区）应当以“三农”发展重要领域、关键环节、重大项目为突破口，积极破除阻碍生产要素在城乡之间市场和企业再配置的各种藩篱，切实降低阻碍农业经济现代化发展的各种隐性成本，构建能够充分发挥县域特色资源优势、符合县域发展实际、激发县域发展内在活力的体制机制，助推县域经济高质量发展。事实上，山西省的 31 个乡村振兴先行示范县，长期以来都是山西省多个省级经济社会发展战略举措的覆盖区域，县域经济社会发展得益于多项制度创新的叠加，具有长久的政策活力。例如，2017 年山西转型综改示范区成立，范围涵盖太原市迎泽区、小店区和晋中市榆次区，承担为山西省资源型经济转型综合配套改革先行先试、探路领跑的重大任务；又如 2022 年山西开始建设太忻一体化经济区，范围涵盖太原市尖草坪区、杏花岭区、迎泽区、万柏林区和忻州市忻府区、原平市，着重建设转型发展产业新体系和与京津冀联动发展高地；再如 2022 年，山西开始中部城市群建设，范围涵盖太原等中部五市，其中涉及乡村振兴先行示范县，包括迎泽区、忻府区、榆次区、离石区、阳泉城区等 15 个县（市、区），重点在产业布局、基础设施、生态治理等方面一体谋划、一体推进，着力消除跨市域行政壁垒和体制机制障碍。这表明，以太原城六区等地为代表的部分乡村振兴先行示范县，已经积极通过探索性制度设计，寻找在多个县域范围内协同推进集群经济、块状经济的增长极点，协同推进基本公共服务共建共治共享的可能模式，推进县域经济社会发展。

第二节 先行示范县乡村振兴战略实施成效

近年来，山西省乡村振兴先行示范县坚持高位推动、先行先试，产业转型夯实经济基础、乡村建设焕发美丽风貌、乡风文明彰显时代精神、人才吸纳激发乡村活力、基层治理做强组织堡垒，“三农”发展取得显著成就、呈现崭新气象。

一、产业兴旺

产业兴旺是乡村振兴的重中之重。十年来，山西省乡村振兴先行示范县农业产业发展步伐不断加快、现代化程度不断提升、乡村振兴的物质基础更为坚实。

（一）乡村产业发展兴旺

农业生产条件持续优化。通过水、田、路、电、管等“多网齐下”，乡村振兴先行示范县高标准农田、设施农业以及丘陵山区农田“宜机化”改造占基本农田比例逐年增加，主要农作物综合机械化率达到75%以上；田头小型仓储保鲜冷链物流体系基本建立，各类农产品直播电商、乡村旅游直播电商多点散发。

农村产业体系丰富多样。乡村振兴先行示范县各村以农业农村资源为依托，以农民为主体，农村第一产业不断做大做强，产业体系日渐多元完善。一是绿色农业、生态农业、现代农业、特色农业发展百花齐放，现代农业社会化服务体系逐渐完善，各类集体经济服务组织或社会化服务组织发展壮大，农业产业化联合体成员基本实现技术共享、信息共享、品牌共享、渠道共享、利益共享；二是农产品加工业整体水平不断提升，以农产品产地初加工和精深加工为代表的产业链条持续延伸，农产品及加工副产物实现循环利用、梯次利用、高价值利用；农村第三产业活力迸发，乡村休闲旅游业、乡村新型服务业、乡村信息产业等特色鲜明、类型丰富、协同发展。

农产品产销对接更加畅通。一方面，基于互联网、数字化技术应用的农副产品供应链基本打通，传统的产、运、销多层流转环节压缩为农副产品生产商和销售商直接在线上完成下单交易、支付、直线物流配送的两层环节，交易时间大幅缩短，中间流通环节减少，流通效率大幅提升；另一方面，乡村振兴先行示范县农产品品牌培育成效显著，涌现出了以“有机旱作·晋品”等绿色食品、无公害农产品、有机农产品、地理标志农产品认证为代表的一批产业带动作用明显、市场核心竞争力强的区域公用品牌、绿色优质农产品品牌和知名特色农产品品牌。以品牌联结产地与市场、以品牌引导产销对接越来越成为名优特农产品走向市场的重要途径。

（二）一二三产融合蓬勃发展

“十四五”以来，山西省委、省政府陆续出台《关于建立健全城乡融合发展体制机制和政策体系的实施意见》《关于全面推进乡村振兴加快农业农村现代化的实施方案》《山西省保障和规范农村一二三产业融合发展用地实施细则》，从城乡融合、产业融合等多方面，为乡村振兴先行示范县农村一二三产业融合发展奠定了制度基础。

一二三产融合业态多样化。越来越多的市场主体通过跨界配置农业和现代产业要素，加速了一二三产业深度交叉融合，形成“农业+”多业态发展态势：通过规模种植与林、牧、渔融合，形成稻渔共生、林下种养融合等；通过农业与加工流通业融合，形成中央厨房、直供直销、会员农业等；通过农业与文化、旅游、教育、康养等产业融合，形成创意农业、功能农业、休闲农业和乡村旅游等；通过农业与信息产业融合，形成数字农业、智慧农业等。

一二三产融合主体多元化。随着农村一二三产业融合发展的深入推进，山西省乡村振兴先进示范县通过不断摸索和完善，培育发展了一大批基础作用大、引领示范好、服务能力强、利益联结紧的专业大户、家庭农场、农民合作社、农业产业化龙头企业等融合主体，形成了“公司＋合作社＋农户”的“订单式”利益联结机制、“股金＋租金＋薪金”的“股份式”利益联结机制、“社会化服务＋小农户”的“托管式”利益联结机制、“大市场＋小微商”的“市场式”利益联结机制，各主体共同组成联系紧密的利益共同体，共享全产业链增值收益。乡村振兴先行示范县农村一二三产业融合主体已实现从数量增加到质量提升、从单纯生产到综合带动、从收益独占到利润共享的转变，展现出较强的经济实力、发展活力和带动能力，进入了成长成形的蓬勃发展期。

二、生态宜居

先行示范县乡村的生态宜居，一方面通过实施以生活垃圾收集处理、“厕所革命”、生活污水治理等为主要内容的乡村清洁行动推进农村人居环境综合整治，另一方面通过统筹山水林田湖草系统治理、建立市场化多元化生态补偿机制等为乡村生态环境整体改善提供持久保障。先行示范县实现乡村生态振兴全方位、全地域、全过程，县域生态环境改善成效显著，蓝天白云成常态，一泓清水入黄河，绿色处处入眼帘，真正使绿水青山成为城乡居民的“幸福靠山”。

（一）全方位实施乡村清洁行动

近年来，山西省乡村振兴先行示范县按照全省《农村人居环境整治三年行动实施方案》的要求，聚焦重点难点、坚持分类施策，城乡生态环境美化绿化成为乡村振兴先行示范的靓丽底色。

一是城乡人居环境显著改善、居民幸福感显著提升。乡村振兴先行示范县结合自身城镇化率较高，城乡社区、村落交错分布的实际，中心城区和美丽乡村同步建设、从严治理和规划引导同步实施、基础设施和文明素养同步提升、集中整治和长效机制同步推进。一方面，通过老旧小区和城中村改造、违建拆除、管网改造等手段，城区人居环境质量得到整体提升；另一方面，围绕农户房前屋后、村组内巷道两侧、排水沟渠等重点区域，广泛开展垃圾清运、拆除破房烂院、绿化苗木栽植补植及道路太阳能路灯建设等，村容村貌发生质的变化，乡村硬化绿化亮化净化水平得到全面提升。

二是农村生活污水治理成效突出，蹚出农村污水治理新路。山西省乡村振兴先行示范各县坚持先试点后推广、先局部后全局的治理思路，结合地形地貌、村庄布局、污水总量、线路走向、建设时序等因素因地制宜，大力推进污水处理站建设和污水管网铺设，同时探索实践出了微生态滤床污水处理工艺、“厌氧好氧＋膜”处理工艺、“接触氧化法”处理工艺、“SBR”处理工艺、“AO＋膜”处理工艺、“厌氧好氧＋人工湿地”处理工艺等污水处理工艺，处理后的中水能够满足农田灌溉、苗木绿化、道路清洁等多样化需求，同时也极大减少了COD、氨氮等污染物排放，节约了地下水，更为促进黄河流域生态保护和高质量发展提供了可复制、能借鉴的经验。河津成功入选全国农村生活污水治理示范县（市）。

三是农村“厕所革命”实现“三无、三净、三有、一处理”。山西省乡村振兴先行示范县始终把农村“厕所革命”作为农村人居环境整治的重点任务抓紧抓好，通过科学谋划推进农村改厕工作，推广普及简单实用、成本适中、农民群众能够接受的“旱厕通风改良＋粪污无害化集中处理站”改厕模式，达到“三无、三净、三有、一处理”标准，即无蚊蝇、无臭味、无渗漏，地面净、墙面净、厕位净，有墙、有顶、有灯，实现无害化处理的效果。该模式在 2019 年 11 月 26 日至 12 月 4 日国务院组织开展的农村人居环境整治大检查中，被评为山西省三条典型经验做法之一。在此基础上，基本形成“五有”为特征的农村厕所长效管护机制，即有制度，制定维修维护、抽粪抽取、粪污资源化利用等相关管理办法；有标准，明确维修、抽取、转运、处理的具体要求；有队伍，配备了专职抽粪司机和维修服务人员；有经费，保障日常管护工作的开展；有督查，村干部成立督查组，定期督查，防止厕所出现不卫生、使用不当等现象。农厕改造确保设施坏了有人修、管道堵了有人通、粪污满了有人抽、抽走之后有效用，消除农户在改厕前的诸多后顾之忧，确保了农户厕所长期正常使用。

（二）扎实推动城乡生态保护和修复

近年来，山西省乡村振兴先行示范县坚持山水林田湖草一体治理，治山、治水、治气、治城一体推进，构建完成了生产空间集约高效、生活空间宜居适度、生态空间山清水秀的开发保护新格局，还城乡居民更多的蓝天白云、青山绿水，厚植了乡村振兴绿色底色和先行示范质量成色，“净起来、绿起来、美起来”成为县域生态环境的生动写照。2021 年，阳城县被生态环境部命名为“国家生态文明建设示范区”。2022 年，全省乡村振兴示范县中有 12 个村被评为“山西美丽休闲乡村”。

一是绿色发展方式逐步建立。乡村振兴先行示范县能源、工业、交通运输、城乡建设等领域落后产能加速淘汰、过剩产能加速化解、行业能效持续提升，基本实现三次产业低碳绿色转型发展。“5G＋智慧绿色矿山”和“风光火储一体化”的煤电绿色发展新格局初步形成，煤层气转化利用、生物医药、精细化工、装备制造、陶瓷新材料、太阳能电池材料和新型光伏薄膜新材料等一批低碳绿色项目落地投产达效，基于总量减排、源头减排、结构减排的碳达峰加速推进。农业和文旅产业融合发展不断加快，多元化主题的特色小镇、文化体验村、精品旅游村百花齐放，成为乡村振兴先行示范县美丽宜居乡村建设的靓丽品牌。整体看，乡村振兴先行示范县绿水青山、金山银山双向转化通道日益拓宽，产业结构变“轻”、经济形态变“绿”、发展质量变“优”。

二是空气、水域治理成效显著。乡村振兴先行示范县空气、水域生态环境各项指标显著改善。一方面，空气质量显著提升，晋北各县散煤治理超额完成任务，臭氧浓度上升态势得到有效遏制，重污染天气削峰降频，县域内空气质量二级以上优良天数、SO_2平均浓度、PM2.5 浓度等生态环境多项指标创有监测记录以来最好水平；另一方面，水域综合治理成效显著，乡村振兴先行示范县域内沁河、丹河、滹沱河、清漳河等河流出境水质稳定保持Ⅱ类水平，农村黑臭水体整治和Ⅴ类断面比例两项指标均超额完成国家下达的目标任务，实现清水复流。特别是汾河流域国考断面水质在 2020 年上半年全部退出劣Ⅴ类的基础上，2021 年全部提升到Ⅳ类水质以上，汾河谷地地下水位连续 10 年持续回升。“一泓清水入黄河”，习近平总书记提出的“水量丰起来、水质好起来、风光美起来”的目标正在加快实现。

三是城乡绿化覆盖加速推进。乡村振兴先行示范县森林覆盖率、森林蓄积量和城市绿地面积大幅提升，为全省“两山七河一流域”生态修复治理作出了先行示范贡献。一方面，城区森林公园和生态绿道建设快速发展，森林公园、湿地公园、城乡小微绿化公园和公共绿地颜值与气质并存，充分体现了先行示范县景观优美、和谐自然的发展特色，其中太原汾河景区已成为集休闲、旅游、健身、观光于一体的大型生态文化景观长廊；另一方面，乡村宜林荒山荒地基本绿化，沿河绿化带、经济林带、生态观光绿色走廊推动县域生态承载能力全面提升，乡村振兴先行示范县范围内生物多样性得到恢复发展，野生动物种群和高等植物群落得到有效保护，珍稀濒危物种分布区域不断扩大。

三、乡风文明

党的二十大报告提出要“以社会主义核心价值观为引领，发展社会主义先进文化，弘扬革命文化，传承中华优秀传统文化，满足人民日益增长的精神文化需求，巩固全党全国各族人民团结奋斗的共同思想基础，不断提升国家文化软实力和中华文化影响力”[①]。文化振兴是乡村振兴的重要内容，是繁荣农村文化、实现文化自信的重要表现。乡村振兴不仅需要经济的富足、生活的美好、社会的和谐，同时也需要乡土文脉的传承、乡村文化的自我更新。这对于全面推动乡村振兴总体目标的实现具有重大现实意义和深远历史意义。

山西是我国的文化大省。近年来，随着乡村振兴战略的持续深入推进，为加快乡村文化振兴，山西省委、省政府先后出台《山西省人民政府办公厅关于贯彻落实〈山西省历史文化名城名镇名村保护条例〉的实施意见》《山西省人民政府办公厅关于深化文化和旅游融合发展的实施意见》《山西省“十四五”文化旅游会展康养产业发展规划》，山西省文化和旅游厅制定了《省级非物质文化遗产代表性传承人认定与管理办法》等一系列旨在繁荣乡村文化、促进乡村文化振兴的政策法规和规章制度。乡村振兴先行示范县积极利用“文化富矿”资源优势赋能乡村振兴发展，从而用文明浸润乡土、

① 习近平：《高举中国特色社会主义伟大旗帜　为全面建设社会主义现代化国家而团结奋斗——在中国共产党第二十次全国代表大会上的报告》，2022年10月16日。

用文化滋养乡情，用璀璨文化之光照亮乡村全面振兴之路。全省乡村振兴先行示范县农村公共文化服务体系不断健全，公共文化服务效能明显提升，中华优秀传统文化在传承与保护中得到创新与发展，形成了以地域文化与特色产业为支撑的乡村文化呈现形式与乡村文化业态。全省乡村振兴先行示范县文化不断繁荣兴盛，乡村正逐步发展成为城乡居民的精神家园、人文家园、和谐家园。

（一）乡村公共服务基础设施建设不断加强

近年来，山西省乡村振兴先行示范县按照“有标准、有网络、有内容、有人才”要求，以县域为整体，以县（区）、乡（镇）、村三级为单位，统筹城乡公共文化设施布局、服务内容、队伍建设、资金保障，持续推动新时代文明实践站、农家书屋、乡村文化礼堂（广场）、村史馆、乡土文化展览馆、村史博物馆、非遗项目传习点等多元化乡村文化阵地建设不断加强。

一是以新时代文明实践中心为代表的乡村文化阵地迸发出持续的生命力和影响力。全省乡村振兴先行示范县的新时代文明实践中心建设已形成县（市、区）有新时代文明实践中心、乡镇（街道）有新时代文明实践所、村（社区）有新时代文明实践站的三级联动体系。各中心、所、站均配备新时代文明实践联络员，各级新时代文明实践所（站、点）还积极推动成立志愿服务队，有条件的实践所探索成立志愿者协会，广泛组织志愿者开展各类志愿服务活动。整体来看，全省新时代文明实践县、乡、村三级阵地从无到有，人员从有到优，活动从少到多，群众参与从浅到深，做到了农民群众在哪里，文明实践就延伸到哪里，新时代文明实践工作事事有人干、事事有人管。乡村振兴先行示范县新时代文明实践中心、所、站覆盖率分别达到 100%、100%、99.71%，[①] 在新时代文明实践中心建设的同时，乡村振兴先行示范县将基层文化服务体系建设纳入为民办实事项目，通过政府购买服务、项目补贴、定向资助等方式，持续实施“乡村公共文化服务提升工程”，不断完善村级图书室、文化活动室、电子阅览室、室外活动场所建设。截至 2022 年三季度，全省乡村振兴先行示范县的乡镇（街道）综合文化站、村级综合性文化服务中心全部实现了免费开放。在文化队伍建设方面，乡村振兴先行示范县通过举办文化馆（站）业务骨干和文化队伍示范性培训、“文化村官”等各类培训，不断提升基层文化队伍素质。同时还通过实施基层公共数字文化建设工程，使优质公共数字文化资源向农村地区倾斜力度不断加大，助力农民群众更加便捷地获取优质数字文化资源。乡村振兴先行示范县还依托文化和旅游部、中央文明办“春雨工程”“阳光工程”“圆梦工程”等志愿服务项目，鼓励引导专业文化工作者和社会各界参与乡村文化服务，培育打造了一批优秀基层戏曲院团、庄户剧团、民间班社、书画社，培养带动了一批基层文化工作者、民间文化能手，乡村文化自我发展能力进一步提升，稳固了乡村文化繁荣兴盛的“人脉”。

二是传统农耕文化资源的保护和传承不断加强。在乡村振兴战略实施过程中，山西省乡村振兴先行示范县秉承“留住乡愁、传承文脉”的工作理念，依托美丽乡村建设、文旅融合发展等途径，在注重保护历史文化资源和传统建筑的同时，积极注重传承本区域传统民风民俗和生产生活方式，推动黄河流域农耕文明在新时代不断发展提升。一方面，乡村振兴先行示范县深入挖掘各乡村的历史文化文物资源，加强对古村落、古建筑、古文物的保护和利用，特别

① “山西这十年”系列主题新闻发布会第六场，2022年8月25日。

是修缮和新建了一批民俗文化礼堂、广场，乡土文化展览馆，村史博物馆，非遗项目传习点等能够承载乡愁、展现乡风的综合文化设施，村庄赖以生存发展的整体空间形态得到保持，村庄以及村落、宗族独有集体记忆的完整性、真实性和延续性也得以延续。正是在此基础上，山西省乡村振兴先行示范县乡村民俗风情、历史沿革、典故传说、名人文化、祖训家规等乡村特色文化得以广泛挖掘宣传，民间民族表演艺术、传统戏剧和曲艺、能人巧匠传统手工技艺、传统医药、民族服饰、民俗活动、农业文化、口头语言、传统体育等乡村非物质文化资源得到卓有成效的传承和保护，从而全面展示了乡村历史文脉、文化烙印、发展轨迹、乡风民俗，实现了文化原生地保护、展示、宣传和传承。泽州县大阳镇入选2021—2023年度“中国民间文化艺术之乡”。另一方面，山西省乡村振兴先行示范县充分依托太行太岳革命老区红色文化资源丰富的优势，通过深挖红色资源、盘活闲置资产，建成烈士纪念馆、红色广场、微型党史馆、青少年公寓等场馆，将情景表演、团建活动、传统文化体验有机融入其中，倾力打造“沉浸式”红色文化教育基地，将珍贵的红色文化资源打造成为乡村文化振兴的“硬核”动力。

（二）乡村文化振兴成果丰硕

山西省乡村振兴先行示范县将“三农”题材文艺作品创作作为重点，深入挖掘山西文化资源“富矿”，积极支持“三农”题材文艺创作生产，着力打造了一批群众文化惠民服务品牌，培育了一批乡村群众文艺队伍，挖掘了一批乡土文化能人艺人，实现了文化高质量发展，城乡居民文化自信更坚定、精神生活更丰富。近年来，山西省乡村振兴先行示范县依托“五个一批”群众文化惠民工程，大力推动“送戏下乡”等乡村文化活动。市、县两级政府每年调动上百个各级各类文艺演出院团，每年均超额完成送戏任务。惠民演出激活了演出市场，激发了文艺院团创作和演出活力，实现了社会效益和经济效益的双丰收。“免费送戏下乡一万场”已成为乡村振兴先行示范县深入人心的惠民文化品牌。在文艺作品创作方面，山西省乡村振兴先行示范县文艺创作者深入生活，扎根人民，深入挖掘乡村文化、田园文化、山水文化、农耕文化、红色文化、历史文化，将其融入文艺作品创作。特别是乡村振兴先行示范县在推动乡村文化振兴中着力开展习近平总书记考察调研山西重大主题宣传，始终把加强思想政治引领放在突出重要位置，着力讲好新时代山西故事，先后推出了红色革命题材的舞剧《吕梁英雄传》和上党梆子《太行娘亲》、生态建设题材的电影《锦绣河山》等。

四、治理有效

乡村治，百姓安、国家稳。实施乡村振兴战略，组织是保障，人才是支撑。十年来，先行示范县通过组织振兴和人才振兴实现了治理有效。

（一）组织振兴是实现治理有效的重要保障

组织振兴是乡村振兴的“第一工程”。[①] 先行示范县高度重视以基层党组织为核心的各类组织建设，农村基层党组织领导地位不断巩固，农村集体经济组织、专业合作经济组织和村民自治组织作用充分发挥，乡村治理水平明显改善，为持续推进农业农村改革发展奠定了基础。

1. 农村基层党组织领导地位不断巩固

习近平总书记指出：“党的基层组织是党的肌体的‘神经末

① 中国扶贫发展中心，全国扶贫宣传教育中心组织编写，吕方等著:《脱贫攻坚与乡村振兴衔接：组织》，人民出版社2020年11月第1版，第1页。

梢’，要发挥好战斗堡垒作用。”[1] 近年来，先行示范县把加强基层党建同全面推进乡村振兴紧密结合起来，认真抓好以村党组织为核心的村级组织建设，选好配强村级领导班子，突出抓好村党组织带头人队伍建设，基层党组织凝聚力、战斗力明显增强，真正成为团结带领群众增收致富的核心力量，有效保障了乡村振兴各项任务的落实。在实践中，各地积极采取措施，不断提升基层党组织的规范化建设水平，探索出不少好的经验和做法，如忻府区实施以社区“大党委”为统领的运行机制，构筑了纵向到底、横向到边的社区治理体系；朔城区突出抓好党支部建设标准化，通过常态学标抓规范、常态对标补短板、常态用标促提升、常态创标树典型，精准打造标准化样板党支部，持续筑牢乡村治理战斗堡垒；侯马市探索构建“党支部—党小组—党员”网格化党建模式，建立党员联络机制，党员主动亮身份、树形象，主动服务村民。通过夯实农村基层党组织根基，发挥农村基层党组织在乡村振兴中的领导核心作用，先行示范县有效提升了基层党组织执行国家政策、推动乡村发展、维护和谐稳定的能力，巩固了党在农村的执政根基，为乡村振兴提供了坚强的组织保障。

2. 乡村治理水平明显改善

先行示范县深入贯彻落实省委《关于抓党建促乡村治理能力提升的若干措施（试行）》《关于抓党建促基层治理能力提升专项行动方案》《关于抓党建促基层治理能力提升考核办法（试行）》等政策文件，抓党建促基层治理能力提升专项行动全面铺开、走向深入。在工作执行系统横向集成方面，建立起责任、考核、奖惩“三个体系”，形成工作闭环；在管理层次纵向集成方面，对县（市、区）、乡镇（街道）、

① 习近平总书记在全国组织工作会议上的讲话，2018年7月3日。

村（社区）三级都分别明确了责任、考核、奖惩办法，形成系统体系。基层党建工作实现资源、管理、服务下沉，农村基层党组织为民办事、为民服务有了资源依托，一些长期困扰基层治理的难题迎刃而解，农村基层治理体系和治理能力得到一体化提升，群众认同感和满意度明显提升。在实践中，先行示范县多层级开展创新治理实验项目，为加强和改进基层治理探出新路子。阳泉城区创新探索中西部欠发达地区培育多方主体、推进“三社联动”基层治理模式在全省推广；太原市开展互联网＋社区养老、晋城市探索5G＋智慧社区，逐步实现社区治理智能化。

3. 村级集体经济不断发展壮大

发展壮大村级集体经济是增强基层党组织功能、提升基层党组织凝聚力发展力服务力的有效途径，是提高农村公共服务能力、完善农村社会治理、实现农民共同富裕的重要举措，对更好地解决民生问题具有重要意义。近年来，先行示范县把发展壮大村级集体经济作为乡村振兴的重要引擎，村级集体经济收入连续增长，经济合作组织形式呈现多样化发展，为率先实现共同富裕奠定了坚实基础。一方面，广泛动员村委会、村民小组对村级集体所有资产和“四荒四边”空闲资源进行集中清理登记，通过更新改造和规范使用行为，引导村民小组积极探索资源开发型、股份合作型、服务增收型、项目带动型等加快发展村级集体经济的新路子。另一方面，积极探索党组织引领发展壮大村级集体经济新路径，持续加强政策供给，统筹中央及省、市资金，扶持村级集体产业项目，通过以点带面、示范引领，多层次、多渠道、多形式促进村级集体经济持续发展，农村集体经济年收入大幅提升，村级组织自我保障和服务群众能力显著增强。

4. 村民自治能力不断增强

《国家乡村振兴战略规划（2018—2022年）》强调：“充分尊

重农民意愿，切实发挥农民在乡村振兴中的主体作用，调动亿万农民的积极性、主动性、创造性。”充分发挥农民主体作用，把分散的农民个体组织起来，重建集体经济和乡村共同体，对于推进乡村振兴具有重要意义。近年来，先行示范县全面推行以村党支部为核心的“一约四会”制度，把党的领导、村民自治和群众参与有机统一起来，既保障了农民自我管理、自我教育、自我服务的民主权利，又妥善化解了基层矛盾，创造出了更加和谐稳定的发展环境。各村普遍制定实施了村委会自治章程、红白理事会章程、婚丧喜庆报备制度等内容全面、管理严格的基层自治制度，基层自治工作有规可依、规范运行；村集体严格按照“四议两公开”程序研究决定重大工程项目、集体资产资源承包承租、大额资金开支、惠民政策享受对象确定等涉及村民切身利益的重要事项，保障村民参与权、知情权、监督权；成立村务监督委员会、村民理财小组、村民议事会等组织机构，按期召开村民代表大会，商量村里的大事小情。随着基层治理体系不断完善，先行示范县农民组织化程度不断提高，政治参与渠道逐步完善，农民参与基层社会自治积极性稳步提升。

（二）人才振兴是治理有效的支撑

推进乡村振兴，人才是支撑。习近平总书记强调：“要推动乡村人才振兴，把人力资本开发放在首要位置，强化乡村振兴人才支撑。”[①] 近年来，先行示范县深入落实省委、省政府《关于加快推进乡村人才振兴的实施意见》对乡村人才振兴作出的全面部署，将乡村人才振兴纳入到党委人才工作总体布局，积极组织和引导各类人才向农村集聚，盘活智力资源，本土回流一批、对外引进一批、全

① 习近平总书记在参加十三届全国人大一次会议山东代表团审议时的讲话，2018年3月8日。

面提升一批、组织选派一批，知农爱农懂农兴农的新型人才大批涌现，改善了农村人才队伍，改变了乡村面貌，为乡村振兴注入强大的人才动能。

1. 选优配强基层干部队伍

推进乡村振兴，干部队伍是关键。近年来，先行示范县大力建强乡村振兴一线指挥部，一批政治过硬、作风优良、敢于担当、业绩突出、群众公认的好干部脱颖而出，县级党政正职中，有农业、财经、社会管理类专业背景的干部占比不断提升；乡镇党政正职，优先选用在基层历练过、熟悉“三农”工作、经过脱贫攻坚实践检验，懂农业、爱农村、爱农民的干部。持续深化农村“带头人”队伍优化提升专项行动，加大从优秀年轻农村干部和人才中选拔村党组织书记的力度，全面高质量完成“两委”换届工作，村党组织书记、村民委员会主任“一肩挑”比例大大提高，实现了“一高一低一优化”目标，为基层治理夯实了人才基础。突出提升本领素能，围绕乡村振兴主题，实施乡村干部培训计划，举办现代农业产业发展培训班、文旅产业高质量发展专题培训班等，全面提升“三农”干部队伍的能力水平，打造能征善战的过硬队伍。坚持尽锐出战，高标准高质量选派第一书记和驻村干部奔赴乡村振兴主战场建功立业。太原市从机关事业单位中选派 196 名干部到村（社区）担任党组织书记等职务，有效破解“有人难选、无人可选”问题；延伸农村干部学历教育培养链，培养本专科、中专等学历人员近 1900 名，村干部履职本领和服务群众能力不断提高。

2. 大批优秀人才回流农村

大批知农爱农懂农兴农新型人才的涌现，既是乡村人才振兴的题中之义，也是让乡村更有吸引力、产业兴旺、活力迸发的必然要求。近年来，先行示范县立足经济社会发展需要，相继组织实施了

“乡村振兴万人计划”“青春兴晋”、大学生“返家乡”暑期社会实践、“农民工返乡创业投资基金”等多种活动，多措并举引才用才，为乡村振兴先行示范引进了大批青年专业人才，改变了人才单向流动局面，促进了县域内外人才双向交流。建立本土人才信息库与各类人才定期服务乡村制度，加大在领办小微企业产业项目上给予准入许可、土地流转等政策扶持，鼓励支持本土人才回流，为振兴家乡贡献才智。乘借省校合作东风开展人才实训基地建设，将乡村振兴作为高校创业实践基地，充分发挥高校科研智力资源优势，为传统产业注入新活力。完善扶持政策和激励机制，用感情留人、待遇留人、事业留人，硕士以上研究生、“三支一扶”人员等大量优秀人才进入村（社区）工作，乡村人才“输血”过程不断加快，为乡村全面振兴先行示范提供了坚强的人才支撑。

3. 乡村振兴人才培养卓见成效

近年来，先行示范县立足产业发展需求，实施本土人才培育工程，顺应了农业农村现代化发展对于人才的需要，补齐了乡村人才稀缺的短板。乡村产业发展人才方面，聚焦农民实用技能，充分运用远程教育平台、专家讲师团、种植养殖基地等资源载体，对党员致富带头人、乡土贤才等进行技能培训，培养了一批“土专家”“田秀才”等实用人才和致富带头人，形成“培养一批能人，带动一方百姓，搞活一片经济”的联动效应；启动实施乡村产业振兴带头人培育“头雁”项目，围绕政治理论、政策法规、专业技能、调研实践等四大课程模块，为带头人提供定制化、体验式、孵化型培育，使其干事创业、联农带农能力切实得到提升，培育带动全省新型农业经营主体形成“雁阵”。乡村公共服务人才方面，实施了全科医生特岗计划、农村订单定向医学生免费培养和助理全科医生培训，引导医学专业高校毕业生免试申请乡村医生执业注册，为每个乡镇卫生院至少配备 1

名公共卫生医师和 1 名全科医师。乡村治理人才方面，实施“一村一名大学生”培育计划充实后备力量，采取在校（在线）学习 +“送教上门”“送教下乡”等方式，就地就近培养一批在乡大学生、乡村治理人才，为基层治理注入新活力、新动能；依托“耕耘者”振兴计划，为乡村治理骨干和新型农业经营主体带头人提供培训。

4. 乡村振兴智力支撑日益雄厚

智力是乡村振兴极其稀缺的资源，而农村内部又很难解决，迫切需要外援。近年来，先行示范县积极探索、大胆实践，采取合作建立智库平台、组建农业人才专家服务团、职业技能培训班等创新手段，乡村振兴智力瓶颈得到有效破解。省乡村振兴局与山西大学、山西农业大学、山西省委党校、山西财政税务专科学校等 4 所院校合作建立智库平台，凝聚多方力量，助力乡村振兴。2022 年 9 月，山西省乡村振兴研究会成立，这是省内首家从事乡村振兴研究的省级社团组织。山西农业大学成立乡村人才振兴学院吕梁分院，助力广大干部、人才在广阔农村大显身手。盐湖区整合省校合作、三晋英才、乡土人才等各类农业人才资源，成立了由畜牧、果业、蔬菜等领域 71 名专家组成的农业人才专家服务团，围绕梳理汇总的 14 大类 54 小项农业人才和技术需求清单，通过群众“叫号”，订单式开展服务。潞州区邀请大学教授为农技人员进行实用型专业技术人才创新能力培训；下派农技专家深入镇、街道举办培训班，培训农民以及基层农技员 500 余人次。

五、生活富裕

乡村振兴战略的目标就是要让亿万农民生活得更美好，增强农村群众的幸福感、获得感和安全感。其中，生活富裕是乡村振兴的根本出发点和最终落脚点。生活富裕，就是要努力保持农民收入较快增长的势头，逐渐缩小城乡收入差距，让广大农民过上幸福的生活。

近年来，山西省乡村振兴先行示范县先行先试，走出了各具特色的生活富裕之路。

（一）收入水平不断提升

先行示范县农村人均可支配收入不断增长，平均水平从 2012 的 9542 元增长到 2021 年的 20265 元，远高于山西省农村居民可支配收入水平（2021 年为 15308 元），年均增长率达到 8.73%。其中，2021 年山西省县（市、区）农村居民可支配收入前十名中，先行示范县占 9 个，分别为小店区、迎泽区、杏花岭区、尖草坪区、万柏林区、晋源区、太谷区、潞州区和榆次区。

（二）城乡差距逐渐缩小

先行示范县的城、乡居民人均可支配收入不断缩小，2012 年先行示范县城镇居民人均可支配收入平均水平为 21515 元，农村居民人均可支配收入平均水平为 9543 元，城乡人均可支配收入倍差为 2.25:1，到了 2021 年，城、乡人均可支配收入倍差缩小至 1.95:1，城、乡居民收入差距逐渐缩小。

社会消费品零售总额的构成中，乡村所占比例逐渐提高，2012 年，先行示范县城镇社会消费品零售总额是乡村的 12.40 倍，2021 年下降为 7.35 倍。这显示了随着经济的发展和我国乡村振兴等战略的推进，乡村地区的消费活力被激发，农村居民的生活更加便利，消费能力得到不断增强，城、乡的差距也在逐渐缩小。

（三）收入渠道更加多元

乡村振兴，生活富裕是根本。实施乡村振兴战略，只有不断拓宽农民增收渠道，增加农民各项收入，才能让亿万农民走上共同富裕的道路，汇聚起建设社会主义现代化强国的磅礴力量。先行示范县主要通过增加农村居民的就业收入、经营收入、财产收入，从多元渠道来实现增收致富。

就业收入有保障。打工收入占农民收入的 40% 以上，是农民增收重要来源。近年来，先行示范县严格落实省委、省政府促进农民和脱贫人口持续增收的一揽子政策措施。一是落实《关于推动农民务工就业稳规模、强技能、提质量的实施方案》，积极引导农民外出务工，加强对农民的技能培训，让农民成长为新时代的技术型民工，提升就业质量，增加农民收入。二是提倡农民就近就业，落实各项稳岗纾困政策，加大对市场主体特别是中小微企业稳岗倾斜力度，确保农民就业有岗位。三是加强对脱贫人口的就业帮扶，利用集中安置区配套的就业帮扶车间和产业园区，实现脱贫人口的稳定就业，坚决防止大规模返贫。

经营性收入持续扩大。先行示范县大力发展“特”“优”农业，带动农民增收致富。如曲沃县在 2022 年改造、新建日光温室大棚 350 亩、拱棚 200 亩，新发展大葱、葡萄、樱桃等特色果蔬和中药材种植面积 2000 亩，银葛、荷叶、蒲公英等药茶种植面积 500 亩，可带动农民持续增收。阳城县大力发展设施蔬菜带动农民致富，台底村依托合作社带动，统筹乡村土地资源，种植无公害蔬菜 55 亩，年产蔬菜 60 万千克，带动农民增收 180 万元。

财产性收入稳步增加。先行示范县通过大力发展村集体经济实现村民分红增收，取得了巨大成效。山西省 2022 年度村级集体经济发展“十佳村”中有 7 个村属于先行示范县。如 2022 年，侯马市 68 个行政村集体经济总收入达 2557.54 万元，经营性收入达 1880.50 万元，经营性收入占比达 73.5%，村级集体经济实现了量和质的“双提升”，为村民分红增收提供了坚实的基础。

第三节　率先突破、先行先试的有利条件与现实困境

作为具有复杂性、系统性和动态性特征的社会经济现象，乡村的全面振兴往往表现为长期持续的历史过程。特别是对于山西这样的中部欠发达省份来说，先行示范县承担着打造可复制可推广的典型示范、带动其他县加快乡村全面振兴步伐的重任，但城市经济社会发展的辐射带动效应、外部制度供给的集中调控特征同乡村自然环境的复杂性、农民生计系统的脆弱性、生产要素与资源配置转换的受限性长期并存，导致乡村振兴先行示范既拥有相对优越的经济基础与制度支持，同时也亟须解决乡村振兴先行示范同经济社会发展大方向大趋势的衔接设计断链、衔接基础薄弱、衔接动力不足等问题。全省乡村振兴先行示范的尝试探索和经验推广也还面临一定挑战。习近平总书记在党的二十大报告中提出“全面推进乡村振兴”，对建设宜居宜业和美乡村进行了全面部署，特别是还提出要“坚持农业农村优先发展，坚持城乡融合发展，畅通城乡要素流动”。整体来看，全省乡村振兴先行示范县的发展正站在新的历史起点上，乡村振兴先行示范全面推向深入既具备了坚实基础和优势条件，也是新时代新征程条件下全面推进乡村振兴、加快农业农村现代化的前进方向。

一、乡村振兴先行示范的有利条件

进入新发展阶段，全面建设社会主义现代化国家新征程已经开启。山西省乡村振兴先行示范的有利条件，主要包括宏观的制度保障、中观的经济动力和微观的主体活跃三个层面。这三个层面的有利因素共同为乡村振兴的先行示范提供了良好的内外部条件。

（一）宏观层面：新发展格局的构建为乡村振兴先行示范提供了制度指引

从世界百年未有之大变局看，应对国内外各种风险挑战，基础支撑在“三农”，迫切需要稳住农业基本盘，守好“三农”基础。为此，中央特别强调，新发展阶段“三农”工作依然极端重要，须臾不可放松，务必抓紧抓实。要坚持把解决好“三农”问题作为全党工作重中之重，把全面推进乡村振兴作为实现中华民族伟大复兴的一项重大任务，举全党全社会之力加快农业农村现代化，让广大农民过上更加美好的生活。从中华民族伟大复兴战略全局看，民族要复兴，乡村必振兴。全面建设社会主义现代化国家，实现中华民族伟大复兴，最艰巨最繁重的任务依然在农村，最广泛最深厚的基础依然在农村。

习近平总书记在党的二十大报告中明确指出：“坚持农业农村优先发展，坚持城乡融合发展，畅通城乡要素流动。”[①] 二十大报告还指出，要增强国内大循环内生动力和可靠性，着力推进城乡融合和区域协调发展。这表明，通过加快乡村振兴促进城乡差距缩小和融合是一个长时期的历史过程，而这一过程是内嵌于国内大循环为主体的新发展格局构建之中的，是增强国内大循环内生动力与可靠性的重要内容。从辩证的视角来看，任何时代、任何社会，城乡差别总会因各种原因存在。但国内大循环的丰富内涵，恰恰为应对城乡差别、加快城乡融合提供了具有足够包容性和针对性的制度框架。具体而言，构建新发展格局强调要畅通国内大循环、促进国内国际

---

① 习近平：《高举中国特色社会主义伟大旗帜　为全面建设社会主义现代化国家而团结奋斗——在中国共产党第二十次全国代表大会上的报告》，2022年10月16日。

双循环、全面促进消费，迫切需要扩大农村需求，畅通城乡经济循环。畅通国内大循环有利于破解城乡二元体制下生产要素自由流通的体制机制壁垒，在乡村形成人才、土地、资金、产业、信息汇聚的良性循环，为农业农村高质量发展凝聚各类要素；有利于发挥消费对经济发展的基础性作用，乡村消费潜力持续被激发、建设需求得到释放，为加快农业农村现代化拓展广阔空间。当前，随着新发展格局构建的深入推进，国内城乡经济结构、社会结构正在发生深刻变化。畅通、统一、繁荣的国内市场的形成离不开乡村这个最庞大、最具潜力的市场。生产要素的自由流动与合理化再配置，日益成为缩小城乡、区域发展差距、推进高质量发展的物质基础和动力来源，而相应的制度变革，则蕴含着产业之间、城乡之间互联、互动、互促的经济与政治逻辑。通过制度设计创新积极推动生产要素在城乡之间、县域之间以及乡村内部合理流动与再配置，不断提升产业转型、城乡融合水平，已成为山西推进全方位高质量发展中需要优先解决的重大问题。党的二十大报告所提出的对构建新发展格局的最新要求，无疑为我省乡村振兴先行示范县在畅通省域循环、缩小城乡差距方面通过先行先试、探索创新，率先实现“农业全面升级、农村全面进步、农民全面发展”在制度层面指明了大方向。

（二）中观层面：省内发展极辐射带动为乡村振兴先行示范提供了持续动力

《山西省国民经济与社会发展第十四个五年规划和2035年远景目标纲要》在缩小城乡、区域发展差距方面明确提出要“推进以县城为主要载体的城镇化建设，……大幅提升就地城镇化水平，增强辐射带动乡村发展能力”。《纲要》在加快城乡融合发展方面提出要在城乡要素合理配置、基础设施一体化两方面健全体制机制，“深化城乡融合发展”。在农业农村发展方面提出要“深化农村重点改革”“实施乡村建设行动”“提高农业质量效益和竞争力”。当前，我省城乡经济结构、社会结构正在发生深刻变化，城镇化水平持续提升、城镇体系格局持续优化。特别是“一群两区三圈”的城镇化发展布局，有力促进了城镇、产业和重点功能平台沿主要交通轴线的集聚，加强了中心城市、副中心城市及县城之间的经济联系，省域内生产要素再配置从“城城交换”和“乡乡交换”持续向“城乡交换”转变，其深度更为提升、广度不断拓展、方式也更加多元化，不仅形成了一批辐射牵引山西乡村振兴的核心区和增长极，并在更高层次、更大范围内推动实现了城市与乡村的融合发展。农业农村优先发展政策落实落地，多元投入格局加快形成，发展条件持续改善，更多资源要素向乡村集聚，为加快农业农村现代化提供了坚强保障。正是在此背景下，全省乡村振兴先行示范县城乡经济社会发展出现标志性、转折性、趋势性变化，以“特”“优”农业发展、农村集体产权制度改革、移风易俗乡风文明建设等为代表的县域经济社会发展关键领域多项重点改革卓有成效，成为乡村振兴先行示范县新时代“三农”高质量发展的活力源泉。在此基础上，乡村振兴先行示范县区域中心城镇辐射带动能力进一步增强、县域综合承载能力进一步提升，乡村振兴先行示范县在城镇宜居宜业和产业体系协同发展、产城融合、基本公共服务共建共享等方面的系统性、整体性和协同性持续增强，乡村振兴先行示范全方位深入推进的空间愈发得到拓展。

（三）微观层面：新型经营主体蓬勃发展为乡村振兴先行示范提供了形式多样、功能完善的产业基础

当前全省乡村振兴先行示范县农业一二三产业融合步伐不断加快，涉农产业链条上的生产经营主体不断跨界渗透、聚合增值，进而形成新的分工协作、共创共享的生产经营体系，农业现代化

的具体实现形式越来越丰富。一方面，农业龙头企业凭借较高的管理效率和较强的市场营销能力，在产业链纵向环节的融合中向上游延伸、向下游拓展，形成“产加销一体化”“贸工农一条龙”生产经营模式，成为拓展农业产业链、提升农业价值链的重要主体，在乡村振兴先行示范县农业现代化过程中的引领作用越发显著；另一方面，农业龙头企业以自身为核心，以合作社为纽带，以家庭农场和专业大户为基础，已经基本形成关联紧密、分工明确的农业产业化联合体，乡村振兴先行示范县农业产前、产中、产后各环节不断打通，多种生产经营方式有机结合，初步形成了良好的产业生态圈，为进一步提升乡村农业现代化发展的层次与质量奠定了良好的组织基础。

二、乡村振兴先行示范面临的现实困境

从当前山西省乡村振兴先行示范县区域经济社会发展的趋势性特征来看，其传统村落的经济社会结构已经发生了深刻的变化。具体而言，伴随着先行示范县本身工业化与城市化的迅猛推进，内部城乡、区域发展差距仍在拉大，兼具城乡特质的“中间”形态村庄或独特地域社会样态的村庄逐步突破了城乡分立的传统结构，乡村人口流动与迁移造成乡村分化发展特征明显，乡村治理规则生发与运作的社会基础也在发生改变，农村发展过速分化、过度分化以及持续分化的态势加大了乡村振兴战略政策瞄准的复杂性与不确定性。这些问题导致了乡村振兴的先行示范仍需要面对一系列复杂的现实困境。

（一）农业资源禀赋受限

农业现代化是产业兴旺的基础，适度规模经营是发展现代农业的必然选择。山西全省耕地共 5804.25 万亩，其中，水田 7.53 万亩，占比 0.13%；水浇地 1571.73 万亩，占比 27.08%；旱地 4225 万亩，

占比 72.79%。耕地中，旱地面积比重大；旱地中，坡耕地面积比重大。山西立地条件差，水土流失严重，生态环境脆弱，严重限制了山西农业的发展。同时，农村土地制度改革和集体产权制度改革在基层实践中面临一些困难，农村支持保护政策有待完善，乡村振兴面临的人才、土地、资金等要素瓶颈比较突出。与此同时，随着工业化、城镇化发展的深入推进，山西农村常住人口不断减少。据 2020 年第七次全国人口普查数据，全省常住人口中，居住在乡村的人口为 1308 万人、占 37.47%，与 2010 年相比，乡村人口减少 547 万人，部分村庄逐渐消亡。从乡村留守人口的性别结构和年龄结构来看，留守人口中 21~40 岁的骨干劳动力较少，妇女、老人是留守农村的主要群体；流出人口以高素质的青壮年劳动力为主。乡村人口数量持续降低不仅导致乡村振兴存在人力资本障碍，也使得基础设施和公共服务配套存在规模经济困境。

（二）城乡视域下发展不平衡问题突出

受制于城乡资源要素配置的市场化机制发育不充分、农村土地制度改革和集体产权制度改革滞后等多方面因素，山西乡村地区大多处于被城市带动和辐射的附属状态。乡村振兴先行示范县由于县域经济社会发展较为发达，特别是县城和中心乡镇经济基础较好，因此资源要素由乡村向城市单向流动，乡村“空心化”和“贫血症”状况更为明显。一方面乡村人口呈现加速流失趋势，农村劳动力大量外出务工经商，农村常住人口以留守的老人、妇女、儿童为主，农村人口老龄化和村庄“空心化”现象日益严重，空置教室、无人宅基地等难以处理，村民乱修、乱盖等行为破坏村落景观价值，村庄凋敝，环境杂乱，产业和集体经济发展困难，乡村活力不足；另一方面，部分乡镇、县城甚至中心城区的城中村、城郊村仍然存在治理涣散、环境脏乱的现象，村集体经济虽然有一定积累，但往往存在经济纠纷等问题，不仅垃圾乱丢、污水乱排问题严重，影响乡村人居环境，各类违法乱纪现象也时有发生。

（三）乡村建设规划引领作用仍不充分

由于县域经济社会发展较快，先行示范县在乡村振兴战略推进中对村庄发展分化特征分类不细、识别不清，具体措施的针对性和操作性也仍有较大提升空间。从山西省乡村振兴先行示范县乡村振兴战略具体推进中在产业发展、村庄治理和政策支持等方面的差别来看，传统的以市级和县级行政区划为靶向的统一的乡村振兴政策和经济社会发展规划（如统一的产业和生态规划、统一的劳动力素质提升政策、统一的基础设施建设与基本公共服务政策等），对乡村振兴先行示范县经济社会快速发展、县域乡村加速分化条件下村庄发展的普适性与针对性并不强，不仅难以因村施策地促进村庄全方位振兴，还使不同类型村庄发展形成以下两种困境：

一方面，从经济发展较快的城区、县城和中心镇内部或附近的城中村、城郊村来看，城镇的要素吸引接纳能力更强，导致此类村庄的发展支持不足，要素过度向城市、城镇区域集聚和村庄治理相对落后并存，形成中心城镇的“灯下黑”问题。而对偏远村、一般村（如非贫困村同时也非中心村的村庄）等村庄而言，它们发展基础相对薄弱，虽然与邻近中心城区（乡镇）村庄发展差距不大，但却面临要素支撑不足、长期增长乏力的境况，导致一般村庄在乡村发展和治理上的“相对差距”问题。另一方面，县域经济社会快速发展、人口流动与村庄分化加剧造成村庄合并中村级治理成本增加、效能降低。村庄合并甚至易地搬迁虽然在改善农村居民生产生活条件的同时也为农村土地流转与开发创造更大的空间，但同时导致行政村的管理范围扩大，也影响到村级治理的有效性。首先，行政村管理范围急剧扩大增加了信息了解和沟通的难度，削弱了原先村级治理“熟人”“半熟人”的社会基础，由此造成村民间的利益整合和集体共识达成困难，村庄集体事务难以开展。其次，由于选民对村民委员会成员候选人不够熟悉，村民委员会选举更加形式化。因此，长期来看，村庄合并增加了村级治理成本，一定程度上不利于乡村振兴治理有效目标的实现。

（四）外来主体难以有效参与乡村基层治理

乡村振兴先行示范县中，随着县域经济社会的快速发展，大型合作社、产业化龙头企业（包括农业社会化服务组织）、外来精英（返乡创业人员、外来土地流转大户等）、社会组织（志愿者等）等多元化市场主体进入乡村，导致村庄内部的治理主体由原来的同质主体逐渐向异质主体转变。在乡村基层治理具体过程中，上述外来主体一般没有资格参与乡村内部的管理事务。但对于一些乡村社会公共产品或公共事务，如道路修筑、水利设施维护、环境保护等，或者由于事关这些外来主体的切身利益（实际生产需求或声望改善需求），或者由于自身具备一定的经济或技术实力，这些大户和企业一般也愿意出资出力，村组织一般也会同这些外来主体协商并寻求支持和帮助。这就导致外来主体实质上参与乡村治理的广度和深度远超过许多普通村民，特别是那些长期离乡外出务工的村民。而这些外来主体参与乡村治理的程度和效果在很大程度上又取决于基层政府、村级组织的态度及其与外来主体的关系，具有很大的随意性和不确定性。如何将外来主体合法、合理、有效地整合入乡村治理体系之中，更好地发挥他们在乡村基层社会“治理有效”中的积极作用，也是乡村振兴先行示范中所必须解决的问题。

（五）产业发展的要素不匹配

一是乡村振兴先行示范县基于互联网、大数据、智能化的农业现代化发展依然薄弱。农业现代化发展要求乡村农业在生产、流通、消费以及农村经济、技术、社会等各个环节全面运用现代信息技术和智能工具，全面提升农业生产经营的智能化、数字化、全球化、个性化水平。通过农业发展的信息化为弥补和改造小农户生产经营的弱质性提供更多可能的选择。但在当前全省通过“产业转型、数字转型”助推全方位高质量发展的大背景下，乡村振兴先行示范县在农业领域对信息技术的应用起步较晚，小农户生产经营中对互联网和大数据的应用仍然较为滞后，特别是在大田种植、精准农业中的应用还不是很普遍，农村电子商务基础设施建设仍然滞后，相当多的小农户只能依赖企业、协会等中间商运用信息技术进行市场对接，对农产品生产和销售环节做出的决策存在一定滞后性，市场定价权、订单权较小。与此同时，为小农户农业生产销售各环节提供全面服务的社会化服务和信息系统也尚未建立，种植情况、良种情况、土壤情况、水利情况、农机情况等农业数据的存储和管理较为分散，难以发挥对小农户生产经营的系统指导作用，严重制约农村互联网经济的发展和农业生产信息的及时传导。

二是在乡村文旅康养等产业新业态等方面，乡村振兴先行示范县虽然发展较快，但仍难以摆脱产品同质化、生产经营家庭化以及地区旅游产业同构化的困境。服务硬件设施不齐全、从业人员服务意识和水平偏低等问题也都对乡村旅游体验和品质造成了不利影响，导致乡村文旅康养产业停留在较低层次，极大地限制了乡村文旅康养产业对乡村产业转型升级促进作用的实现。上述问题表明，在产业链条上，受限于要素投入规模化程度，乡村振兴先行示范县的农业现代化也还处于提供初级产品的阶段，产品附加值不高，产业发展层次偏低，产业链较短，助推农民收入提升的稳定性和持续性不足，更难以为乡村振兴的产业兴旺发展目标提供持续且稳固的产业基础。

第四节　打造乡村振兴样板县的推进路径

党的二十大报告提出“全面推进乡村振兴”，“坚持农业农村优先发展，坚持城乡融合发展，畅通城乡要素流动”，“扎实推动乡村产业、人才、文化、生态、组织振兴”。党的二十大报告为我省打造乡村振兴样板县、做好乡村振兴这篇大文章指明了方向、提供了遵循。山西的乡村振兴先行示范必然要呈现多样性特点，按照示范创建内容，可以分为易地搬迁后续扶持示范、特色产业发展示范、农业绿色发展示范、巩固脱贫成果示范、一二三产融合发展示范；按照示范创建目标指向，可以分为中央专项彩票公益金支持欠发达革命老区乡村振兴示范区、乡村振兴综合示范村、乡村文化旅游振兴示范村、数字赋能乡村建设示范村、特色产业示范基地等。按照2022年中央一号文件开展“百县千乡万村”乡村振兴示范创建的要求，基于我省部分地方的实践，本节重点阐述乡村振兴示范县的推进路径。

一、构建现代乡村产业体系推进产业振兴

第一，精心开展产业布局。以农业农村资源为依托，以农民为主体，培育壮大现代种养业、乡村特色农业、农产品加工流通业、乡村休闲旅游业、乡村新型服务业、乡村信息产业等，形成特色鲜明、类型丰富、协同发展的乡村产业体系，特别是要加快促进农村一二三产业融合发展。依托农业农村资源，发展乡村二三产业，延长产业链、提升价值链，推动乡村产业发展向深度和广度进发，提高质量效益和市场竞争力，村集体产业发展纳入县域“一村一品”示范村镇建设范围。第二，加强产业基础建设。明确要求高标准农田、设施农业以及丘陵山区农田“宜机化”改造占基本农田一定比

例，提高主要农作物综合机械化率；基本建立田头小型仓储保鲜冷链物流体系；有电商服务、现代农业生产性服务或社会化服务组织。第三，大力发展集体经济。深入推进农村集体产权改革，确保村集体经营性资产项目运行良好、村集体经济年度收入稳定在一定数额以上、经营性收入占比为50%以上。第四，积极培育经营主体。农民专业合作社、家庭农场和涉农企业、电子商务企业、农业专业化社会化服务组织等以多种方式与村集体、农户建立紧密型利益联结机制，共享全产业链增值收益；提高新型农业经营主体覆盖村常住农户参与务工就业率。第五，精准推进产销对接。畅通农产品产销对接，加快推动农业产业化联合体成员间实现技术共享、信息共享、品牌共享、渠道共享、利益共享；加快开展绿色食品、有机农产品、地理标志农产品认证。第六，有效组织产业培训。定期组织开展产业政策、实用技术、电子商务、乡村旅游等培训；积极引导农民工、大中专毕业生、科技人员、乡土人才在农村创新创业。第七，强化现代农业科技支撑。依托晋中国家农高区（太谷国家农业科创中心）、山西农业大学（山西省农科院）等科研院所，布局一批国家级、省级农业科技创新平台，持续改善农业农村科技创新能力条件，推进重点实验室建设，引育一批创新型领军人才和农业农村杰出人才，形成一批拥有自主知识产权的科研成果，将晋中国家农高区（太谷国家农业科创中心）打造成为全省农业科技创新的核心载体和有力支撑。依托全省优质科研力量和科技资源，重点建设从产地到餐桌、从研发到市场，“粮头食尾”“农头工尾”各个环节紧密衔接、环环相扣的现代农业产业技术体系，为培育发展农业全产业链提供科技支撑。第八，增强产业发展效应。主导产业产值在村级产业培育发展中占有一定的比重；通过“一村一品”特色产业带动，促进家庭工场、手工作坊、乡村车间等蓬勃发展，形成更多"特""优""新"产业产品；积极参加国家和全省"乡字号""土字号"等乡村特色产品推介、评选等活动。

二、建设美丽村庄实现生态宜居

第一，完善顶层设计，按照县域乡村"多规合一"原则，坚持村庄发展建设尊重农民意愿、遵循自然生态和村庄机理、注重乡土味道、保留乡村风貌、留住田园乡愁、不搞大拆大建、避免千村一律，高质量完成生态规划编制。第二，全面清理私搭乱建、乱堆乱放，保持村庄街巷干净整洁，提高农房立面整齐度；按照整体达到道路硬化、路灯亮化、村庄绿化、环境净化、村容美化"五化"要求，高质量整治村容村貌。第三，高质量推进"厕所革命"。推动实现户用厕所基本入院入室、公共厕所布局合理，加快建设乡村景区旅游厕所；落实公共厕所管护责任，强化日常卫生保洁；提高先行示范乡镇无害化卫生厕所覆盖率；加强厕所粪污无害化处理与资源化利用。积极推进农村厕所粪污资源化利用，统筹使用畜禽粪污资源化利用设施设备，逐步推动厕所粪污就地就农消纳、综合利用。第四，高质量进行污水治理。行政村纳入县域生活污水重点整治范围；确保生活污水治理技术选择符合实际需求，排污管网或污水处置设施完善；推动村域水域排放达标，河塘清淤清杂，无黑臭水体、无入河排污口。第五，高质量推进垃圾治理。加快完善农村生活垃圾收集、转运、处置设施与运作模式；逐步提高生活垃圾源头分类减量农户参与率和生活垃圾无害化处理率；有效控制农业面源污染。第六，建立长效管护机制。建立完善有制度、有标准、有队伍、有经费、有监督的村庄人居环境长效管护机制；推行农村厕所、污水垃圾处理、村庄保洁等一体化运行管护模式；落实农户合理付费、政府适当补助运行管护经费保障制。第七，提高资源利用综合效率。积极开展农村生活垃圾分类与资源化利用示范村创建；推动农村有机生活垃圾、厕所粪污、农业生产有机废弃物就地就农消纳、综合循环运用。进一步完善农村垃圾资源化处理设施。

三、弘扬时代新风促进乡风文明

第一，大力加强乡村精神文明建设。按照“五有”（有场所、有队伍、有活动、有项目、有机制）标准建设新时代文明实践中心，村级有文明实践所（站）；社会主义核心价值观文化墙美观大方，经常开展“听党话、感党恩、跟党走”宣讲活动以及文体竞赛、农民丰收节、民族传统节日活动等。第二，完善落实村规民约。制定公共场所文明公约、社区噪声控制规约，引导农民自我管理、自我教育、自我服务、自我监督；发挥村民议事会、红白理事会、道德评议会作用，大力开展移风易俗行动，农村高价彩礼、人情攀比、厚葬薄养、铺张浪费等歪风陋习有效被遏制。第三，积极开展文明创建活动。经常开展星级文明户、文明家庭、美丽庭院以及寻找好媳妇、好公婆、好妯娌等群众性精神文明创建评比活动；各类参评的示范农户达到全村常住户数的60%。第四，有力推进文化传承。保护村文物古迹和红色革命遗址物；重视发挥现代乡贤文化作用，挖掘保护农业文化遗产和非物质文化遗产及传承人；因地制宜建设村史馆、农耕文化馆、乡村振兴展示馆、家风家训馆、红色文化展馆等。

四、多渠道提升农民技能水平

第一，及时提供村级劳动力就业信息，开展就业指导，确保有劳动能力且有劳动意愿的农户务工就业率达100%；为外出就业困难的人员提供就近就地力所能及的公益岗位。持续提高农民生活品质，高质量解决好“两不愁三保障”和安全饮水问题；构建农村留守儿童、妇女和老年人以及残疾人、困境儿童关爱服务体系，实现农村特困人员救助全覆盖；及时精准帮扶因自然灾害、病虫害、价格波动、产品滞销等出现产业发展困难的脱贫户、监测户。多渠道增加农民经营性、工资性、财产性、转移性收入，确保农村居民人均可支配收入年度增长高于全省平均水平。第二，定期组织村民参加职业素质和职业技能等教育培训，注重扶持培育“田秀才”“土专家”“乡创客”等乡土人才以及乡村工匠、文化能人、手工艺人等能工巧匠，做到职业技能培训应培尽培，农民技能持证率达到50%以上。第三，实施本土人才回归工程，落实返乡入乡创业激励政策。培育返乡创业主体，引导有资金积累、技术专长和市场信息的返乡人才在农村创新创业。鼓励和支持大中专毕业生、退役军人、科技人员和工商业主等入乡兴办实业、发展产业、带动就业。加大乡村能人培训力度和农村专业人才队伍建设，挖掘培养一批“田教授”“土专家”“乡创客”等乡土人才以及乡村工匠、文化能人、手工艺人等能工巧匠，鼓励领办家庭农场、农民合作社等，创办家庭工场、手工作坊、乡村车间等。依托普通高等院校、职业院校和相关培训机构，让有意愿的人员参加创业创新培训，对符合条件的人员按规定给予培训补贴，制定分区域、差异创业创新扶持政策。

五、优化公共服务补齐发展短板

第一，着力按照填平补齐原则提升路、水、电、网络、能源等五大工程保障水准。农村“四好农村路”持续提质扩面，入村道路硬化率达100%，村内主干道更多向进村入户倾斜，促进产业融合发展，建设客运站点和客运班线方便农户出行，实施农村客货邮融合发展行动，实现“快递进村”全覆盖等；健全农村供水工程，稳定供水保障能力，稳步提升农村自来水普及率；农村电力高质量服务乡村振兴；完善农村5G基站、光纤网络等通信基础设施建设；大力开发太阳能、风能、生物质能以及清洁取暖等新能源并取得实质性进展。特别是要加快推进数字乡村建设。实施数字乡村建设发展提升工程，加快农村千兆光网、5G 网络、移动物联网与城市同步规划建设，基本实现 5G 网络乡镇级以上区域和重点行政村全覆盖。推进智慧水利、智慧交通、智慧电网、智慧物流建设，不断缩小城乡“数字鸿沟”。第二，着力继续提高教育医疗保障水平。全面普及学前教育和九年义务教育，提高学前入园率和义务教育目标人群覆盖率；定向培养乡村医生，建设村级标准化卫生室，配备合格（持证）村医，建立农村居民健康台账，争取实现农村基本医疗保险参保全覆盖。第三，着力提升养老护理保障水平。完善养老服务设施，实现日间照料、社区照护、居家护理等一站式综合性服务；适量设置养老护理公益岗位，岗位工资保障到位；把农村普惠型养老服务和互助式养老结合起来，提高集中供养能力。第四，着力完善公共服务功能。建设具备综合服务功能的便民服务机构，提供党务服务及社保、医保、社会救助、便民代办、信访接待等公共事业服务；建设以文化娱乐、休闲健身为主要功能，满足农村群众开展自娱性文化需求的文化广场；建设篮球场、乒乓球台等各类体育活动设施；完善关注特殊人群需求，农村无障碍环境建设设施。

六、加快县域城乡融合发展

第一，建立健全城乡融合发展体制机制和政策体系。赋予县级更多资源整合使用的自主权，强化产业、基础设施、公共服务等县域内统筹布局，持续推进县域内城乡要素配置合理化、城乡公共服务均等化、城乡产业发展融合化。推动在县域内基本实现城乡一体的就业、教育、医疗、养老、住房等政策体系，逐步在县域内打破城乡的界限，推动形成农民在工农之间自主选择、自由转换，在城乡之间双向流动、进退有据的生产生活形态，把县域打造成连接工农、融合城乡的重要纽带。第二，发展县域特色非农产业，提升城镇就业吸纳能力。非农产业发展是推进县域城镇化发展的根本动力，先行示范县要根据自身资源禀赋和产业发展基础形成具有地方特色的优势产业，实现以产业集聚带动人口集聚，有效转移乡村剩余人口。要根据县域产业类型和城镇职能对县城及重点乡镇基础设施建设进行分类指导，完善县域功能，提升城镇综合承载能力，进一步拉动对农村隐性失业人口的就近转移。第三，合理引导人口转移，推进乡村人口集中居住。以区域位置和经济发展条件较好、对周边村庄人口有较强集聚作用的村庄作为集中点建设新型农村社区，集中配置公共服务设施。对地质灾害频发、生存环境恶劣、基础设施配置困难的乡村，结合“扶贫移民”“生态移民”和“迁村并点”等政策，将村庄搬迁到具有一定规模、生活条件较好并能享受公共服务设施的居民点，引导人口向县城、重点镇和社区化新村集聚。第四，完善配套政策，提高农业转移人口市民化质量。充分尊重农民意愿和自主定居权利，依法维护进城落户农民在农村的土地承包权、宅基地使用权、集体收益分配权。进一步完善“人地钱挂钩”配套政策，健全和完善财政转移支付、新增城镇建设用地指标、教育医疗卫生机构编制定额等公共资源配置与农业转移人口市民化挂钩机制。完善城镇基本公共服务提供机制，建立基本公共服务同常住人口挂钩、由常住地供给的机制，稳步提高非户籍常住人口在流入地享有的基本公共服务项目数量和水平，推动城镇基本公共服务常住人口全覆盖。强化随迁子女基本公共教育保障，保障随迁子女在流入地受教育权利，以公办学校为主将随迁子女纳入流入地义务教育保障范围。

七、坚持党建引领释放基层治理效能

第一，坚持党建引领。村党组织班子坚强有力，带头人队伍本领高强，党员队伍充满活力，组织生活健康规范，切实解决农村基层党组织建设“人、治、物、效”问题；经常开展妇联等群团组织活动；村民自治程序规范，重大事项决策实行“四议两公开”，公共法律服务和矛盾纠纷化解体系健全完善。第二，坚持运用积分制。积分与产业发展、环境整治、塑造乡风、爱心帮扶等重点任务有机结合；积分设计、评判，农民群众全程参与监督；推行积分兑换、“红黑榜”奖惩、爱心超市、道德银行等，群众认可并广泛参与的做法，促进乡村治理“激励引导”作用的发挥。第三，坚持运用清单制。依法依规编制村级小微权力、公共事务、服务事项等各类清单，实现乡村治理有章可循、流程清晰、操作可行；清单制监督评价机制健全，配套措施落实有力。第四，探索大数据治理。完备数字化乡村建设设施，确保摄像头覆盖面积和密度满足安全防范需要；乡村党建引领、公共服务、疫情防控、农业生产、电子商务、务工就业、垃圾分类等实现数字信息化管控。第五，借鉴“枫桥经验”，深入推进平安乡村建设。加快完善农村治安防控体系，健全落实社会治安综合治理领导责任制，严格落实“属地管理”“谁主管谁负责”，不断提升基层党政领导的责任意识。推动乡村治理中村民享有“知情权、参与权、表达权、监督权”。建立健全农村地区扫黑除恶常态化机制。加强法律援助和司法救助，形成群众诉求依法表达、矛盾纠纷多元化解、利益争端就地解决的格局。及时消解各类矛盾纠纷，有效抵制各类黑恶势力、封建迷信活动、赌博等不良社会风气，确保农民群众安居乐业、农村社会和谐稳定。

八、加强制度保障巩固发展成果

第一，加强农村集体经济组织建设。在省级层面对农村集体经济组织进行规范，明确农村集体经济组织的特别法人属性，明确农村集体经济组织的经营范围，规范农村集体经济组织成员制度，制定农村集体经济组织运行机制，制定农村集体经济组织扶持政策。第二，完善农村产权交易制度。加快推进农村产权流转交易市场建设，对农村集体资产交易流转的权限、程序、监管等作出规范，构建农村产权交易服务体系，整合社会各界资源，充分发挥平台的价值作用。第三，建立高效的公共基础设施分类管护体制。没有收益的农村公共管理和公共服务设施、绿化设施、道路等非经营性基础设施，按照权属关系，由乡镇政府、街道办事处或村级组织负责管护。乡镇政府、街道办事处逐步由直接提供管护服务向购买服务转变，设立公益性管护岗位，优先从相对困难家庭中聘请管护员负责村属公共基础设施管护工作，建立健全基层综合性文化服务中心国有资产档案，确保国有资产安全完整、合理使用。准经营性设施多元化管护，按照权属关系，由运营企业、地方政府、街道办事处或村级组织负责管护。经营性设施市场化管护。梯次推进公共基础设施城乡一体化管护，统一管护机构、统一经费保障、统一标准制定等方式，使城市公共基础设施管护资源、模式和手段逐步向农村延伸。建立市场化专业化管护制度，鼓励社会资本和专业化企业有序参与农村公共基础设施管护的政策措施，保障管护主体合理收益，形成多元化管护格局。

第二章 产业兴旺

第一节 概述
第二节 多产业发展带富农民带旺村庄——晋城市皇城村
第三节 田园蔬果打造全省乡村振兴先行区——榆次区张胡村
第四节 走出煤炭经济转型困局新路——晋源区赵家山村
第五节 赋能传统文化发挥比较优势——尧都区沟上村

山西省乡村振兴先行示范县在推进乡村产业发展过程中借助乡村全面振兴的政策东风、“互联网＋”时代的技术东风、科技创新的资源要素东风，构建起了政策支持有力有度、市场机制灵活有效的乡村产业发展环境。在此背景下，山西省乡村振兴先行示范县产业结构持续优化，产业链条不断延伸，农业一二三产加速融合，乡村产业高质量发展步伐不断加快。

第一节 概述

产业是发展的根基，乡村产业发展是有效解决城乡发展不平衡、农村发展不充分的重要途径，也是更好地满足人民日益增长的美好生活需要，促进全体人民共同富裕的重要前提。现阶段，山西乡村产业发展面临着新的社会经济环境，如农村数字经济基础设施、物流条件的逐渐改善，农产品电子商务、农产品精深加工、农村创新创业、“农业＋”新产业新业态等蓬勃兴起，为促进乡村一二三产融合发展提供了坚实基础。

山西省乡村振兴先行示范县搭建了“合作社＋农户”“企业＋基地＋农户”“政府＋基地＋农户”多种发展模式，这些模式深刻改变了农业的生产经营、组织管理、市场运行和社会协调方式，逐步建立起龙头企业、基层组织与农民的紧密型利益联结机制，加快了农业产业化步伐，推动了农业生产力与生产关系的变革，激活了更多微观市场主体投资乡村产业发展，激发了各类人才到广阔农村创新创业，形象生动地回答了“实现共同富裕”的时代课题。

山西省乡村振兴先行示范县打破了长期以来“绿水青山”与“金山银山”两难境地的悖论，不断深化农业供给侧结构性改革，深度挖掘乡村旅游价值、生态价值、互联网价值和科技价值，形成了“旅游＋”“生态＋”“电子商务＋”“科技＋”多条发展路径，进而形成基于独特文化、旅游与农产品的产业互动、跨界、融合网络，不仅加速一二三产融合发展，更引发了打造区域经济发展新引擎的观念变革，逐步实现“产业兴旺、生态宜居、乡风文明、治理有效、生活富裕”的美好发展图景。

第二节　多产业发展带富农民带旺村庄——晋城市皇城村

晋城市皇城村多年来坚持不懈把资源优势变产业优势、环境优势变发展优势，先后发展煤炭开采、旅游开发、生物制药、农副产品加工、新能源等多个产业，走出了一条产业优质多元、乡村宜居宜业、农民富裕富足的乡村振兴之路。

一、基本情况

皇城村位于美丽的太行山南麓樊溪河畔，隶属山西省晋城市阳城县北留镇，地下有丰富的、得天独厚的煤炭资源，地上有清康熙朝一代名相陈廷敬的故居“皇城相府”。20 世纪八九十年代，皇城村还是一个贫穷的小山村，村民们闲着无事可干，不是打扑克就是玩麻将，夏寻荫纳凉，冬找阳晒暖。进入新世纪，在村党委的带领下，皇城村先后创办了煤炭开采、旅游开发、生物制药、新能源等多个企业，组建了皇城相府集团，现拥有集团资产 80 多亿元、员工 6000 多人，村民人均年收入达到 6 万多元。皇城相府集团是晋城市村级层面规模最大、效益最好的企业，皇城相府是山西省第三个 5A 级景区，皇城村先后荣获全国文明村、中国历史文化名村、中国十佳小康村等 20 多项国家级荣誉称号。

二、主要举措及成效

皇城村从传统产业到优势产业，燃起村民致富新希望；从一村独秀到五村抱团，带动更多人富起来；从生活小事到民生福利，让更多村民有更多获得感；从产业先行到制度保障，乡村振兴行稳致远。

（一）产业多元发展

皇城村在产业发展过程中，通过三次产业转型升级，完成了从单一的第一产业向一二产业并进、再向一二三产不断多元化发展的过程，实现了“以文化旅游兴村、以现代服务富民、以高新产业强企”的多元化产业发展格局。

皇城村第一次产业转型是从农业转工业，发展煤炭产业。1980年5月20日《人民日报》发表社论《尽快把山西建设成强大的能源基地》，1983年10月19日，山西省人民政府向国务院呈报了《关于山西能源重化工基地综合规划的报告》和《山西能源重化工基地建设综合规划（草案）》，1984年春《山西省经济社会发展纲要》进一步完善了以能源重化工建设为重点的山西省经济社会发展战略和到2000年的国民经济发展规划。至此，山西省将建设能源重化工基地确定为经济发展战略之一。为解决能源重化工基地建设过程中巨大的资金缺口，1988、1989年山西省相继出台了《山西省集体矿山企业和个体采矿管理条例》《关于鼓励外省、市来山西投资建设煤矿的办法》。皇城村紧紧抓住这一机遇，在1988年4月获得了煤炭开采证书，1991年春，煤矿建成投产。从此，皇城村的青壮年农民走进了矿山，由农民变成了工人。目前，皇城相府集团共有4个煤矿和1个洗煤厂，年产能330万吨，转移农村剩余劳动力3000人。在全国大批民工涌向大中城市的时候，皇城村不但没有一个村民外出打工，而且还吸引了一批又一批的外地农民工来这里就业。

皇城村第二次转型是从工业转服务业，发展旅游产业。1997年亚洲金融风暴引发我国对出口导向型经济发展模式的反思，党的十五大首次提出要对经济结构进行战略性调整，要优化产业结构，积极发展第三产业。山西省委、省政府也提出“山西省旅游资源大省”“把旅游业真正作为产业来办”。皇城村委再次敏锐地抓住时代机遇，于1997年12月邀请众多全国著名专家学者聚集皇城，召开“清代名相陈廷敬学术研讨会”，有关专家学者对皇城相府这座古建筑群及其主人给予了高度的评价，认为陈家是清代北方第一文化巨族，具有深厚的历史文化底蕴，极具开发价值。1998年后，皇城村相继成立了皇城古文化研究中心、皇城相府管理处、皇城相府旅游公司等，古城墙、御书楼、文昌阁等20多处景点先后修复，正式对外开放。

图 2-1　皇城相府

皇城相府这一“养在深闺人未识”的东方古堡，终于揭开了神秘的面纱，迎接远方的宾客。2001 年，在村党委的积极争取和毅然投资下，皇城相府成为电视剧《康熙王朝》的外景拍摄地，直接带动该景区在国内名声大振、声闻千里。同年 3 月，皇城相府荣获“山西省十佳文明景区”称号；2002 年，获得国家 4A 级景区称号；2011 年，获得国家 5A 级景区称号，成为山西第三个国家 5A 级文化生态景区。此外，皇城相府还联合周边四村的旅游资源，建设了皇城相府、郭峪古城、海会书院、九女仙湖、蟒河景区、农业生态园 6 个核心景点，按照资源共享、差异发展的原则，形成“五村一体化”的大皇城、大旅游格局。

图 2-2　皇城相府御书楼

皇城村第三次转型是向高新技术产业转型，重点是科技强村。进入新时代以来，山西省以建设国家资源型经济转型综合配套改革试验区为统领，统筹推进煤炭产业和非煤产业发展，深入推进供给侧结构性改革，加快培育战略性新兴产业和金融、物流、文旅、康养等现代服务业。皇城村“两委”审时度势，认为“煤炭产业能做强做大，但很难做长做久；旅游产业能做长做久，但一个景区做到一定极限后，却再难做强做大”。“高新技术产业是未来一段时间的趋势，很多实际经验告诉我们，哪里的高新产业发展得多、发展得快，哪个地方的经济就好”。皇城村开始依托“皇城相府”这个中国驰名商标品牌，重点发展旅游、制药、制酒、煤炭四大产业。

——旅游文化产业。山西皇城相府文化旅游有限公司是皇城相府集团的全资子公司，下设六个景区（皇城相府、蟒河景区、相府庄园、九女仙湖、郭峪古城、海会书院）、四个酒店（相府庄园酒店、相府贵宾楼、相府宾馆、干部学院）、百余家民宿客栈。公司主要职能是整合旅游资源，统一管理，统一营销，统一运作，实现旅游企业内部一体化发展，打造皇城旅游新时代“升级版”，构建皇城全域旅游新格局。

——制药产业。皇城相府药业有限公司是皇城相府集团下属的一家管理先进、设备优良、科技含量高、质量有保证的制药企业，集生产、销售、研发、经营于一体，占地面积 5 万余平方米，有固体制剂、中药前处理及提取、抗生素、口腔速溶膜剂、保健食品和纯净水五大生产系列。

——制酒产业。皇城相府蜂蜜酿酒有限公司系皇城相府集团下属子公司，年可生产蜂蜜酒 3000 吨。得天独厚的气候条件、丰富的自然资源、厚重的历史文化，孕育出“金丹何如此酒强”的琼浆玉液。21 世纪初，公司在充分发掘蜂蜜酒古老文化的基础上，建成了全国

图 2-3 皇城村相府酒业年产 5000 吨蜂蜜酒项目

首条具有自主知识产权的规模化蜂蜜酒生产线，拥有蜂蜜酒酿造国家发明专利。

——煤炭产业。皇城村最初取得的煤炭开采权面积仅有 0.3 平方千米，经过历次整顿，不断采取先进的生产工艺和管理方式，淘汰落后产能，皇城村煤炭企业不断发展壮大并兼并周边煤炭企业，开采规模由最初的 0.3 平方千米扩展到了 9 平方千米，煤炭企业从最初的一家扩展到山城煤业有限公司、皇联煤业有限公司、史山煤业有限公司、大桥煤业有限公司四家煤矿和一个洗煤厂，年产能达到 330 万吨。

——其他产业。中道新能源科技有限公司是山西皇城相府集团下属的一个分公司，主要研发、生产、销售高科技绿色能源锂离子电池、电池组、电池管理系统和能源解决方案。公司拥有锂电行业先进的专业技术和优秀的人力资源，引进国内外先进的生产设备，通过质量控制程序、严格的现场管理，生产满足客户需求的高比容量、高安全性的锂离子电池产品。皇城相府宇航客车制造有限公司是皇城相府集团兼并具有50多年客车生产史、交通部指定山西省唯一一家具有客车生产资质的行业龙头——山西宇星客车有限公司成立的新能源客车制造企业。公司自主研制生产的SXK6120G4豪华客车、SXK6110G4N天然气公交车和SXK6127BEVB1纯电动城市公交车，造型新颖、配置精良、豪华典雅、节能环保、安全时尚。

（二）效率与公平兼顾的收入分配制度

皇城村的成功除了上述的多元化发展路径之外，还依赖于它所创造的让农民参与、分享、普惠的利益联结机制。为了让全体村民充分享受到集体经济发展的成果，村党委在实践中逐渐摸索出一套既能调动村民积极性、又能让村民共同富裕的分配制度。皇城村党委书记、村委会主任陈晓拴说，在初次分配时，注重效率，采取工资、奖金、股金分红相结合的办法，从管理层到普通员工一律实行“基本工资+绩效工资”；二次分配则体现公平原则，把村集体的可支配收入分为三块，除了扩大再生产之外，全部用于村级公益事业和增加村民收入。村集体每年给每个村民供应粮油、肉、蛋、菜等价值8000余元的各类生活补贴。同时，村里建有高标准的幼儿园、小学、中学和卫生所以及休闲广场、农民公园、运动场、图书室和老年活动中心等基础设施。

三、经验启示

乡村产业发展是带富农民带旺村庄的重要动力，只有加快乡村产业转型升级，同时完善联农带农机制，才能持续做大“蛋糕”、切好“蛋糕”。皇城村通过乡村产业转型与多元化发展、完善收入分配制度，切实保障了发展成果更多更公平惠及全体村民。

一是咬住转型升级蹚出高质量发展新路。改革开放以来，依托煤炭等矿产资源优势和政策优势，皇城村最初形成了以煤炭等矿产资源开采及其初级加工为主导产业的资源型经济结构。选择这样的经济结构和发展形式，在当时的历史时期是符合发展的比较优势原则的，但是长此以往就难以为继。皇城村凭借着煤炭产业的“第一桶金”，抢抓机遇，深入贯彻落实国家和省委提出的经济发展战略，超常规大力推动产业结构转型升级和发展动能转换，产业发展从低端向中高端、从高耗能高污染向绿色生态、从粗放型向集约型升级，实现传统产业新型化、接替产业和新兴产业规模化发展，从而实现经济发展由主要依靠资源消耗向主要依靠科技进步、劳动者素质提高、管理创新的根本性转变。

二是推动共同富裕答好时代课题。习近平总书记强调：“在全面建设社会主义现代化国家新征程中，我们必须把促进全体人民共同富裕摆在更加重要的位置”，“促进人的全面发展和社会全面进步，让广大人民群众获得感、幸福感、安全感更加充实、更有保障、更可持续。”[①] 皇城村一方面通过高质量发展把“蛋糕”不断做大做好，为保障和改善民生提供坚实的物质基础，更重要的是构建科学合理、公平公正的二次分配制度，初次分配以效率为主，通过收租金、领工资、分股金的方式激励村民依靠勤劳智慧致富，二次分配以公平为主，通过提供优质共享的教育、医疗、养老等公共服务、干净整洁的人居环境推动包括老弱病残幼的全体村民共同富裕，在做大做好“蛋糕”的基础上分好切好“蛋糕”，让发展成果更多更公平惠及全体村民，为共同富裕保驾护航。

① 习近平：《在全国脱贫攻坚总结表彰大会上的讲话》，2021年2月25日。

第三节　田园蔬果打造全省乡村振兴先行区
——榆次区张胡村

榆次区张胡村共有 394 户人、3000 余亩耕地，是“户均一套高效棚，人均两亩优质果”的产业村。张胡村常年蔬果飘香，凭借农业特色产品发展体验式的农业旅游精品，推进农旅融合发展，实现家家富裕。

一、基本情况

张胡村位于山西省晋中市榆次区北田镇，紧邻 102 省道，全村 394 户 1006 人，耕地 3000 余亩，其中设施蔬菜 900 余亩，果树 1500 亩，2018 年人均纯收入达 2.18 万元，实现了村民由贫变富、集体经济由弱变强。2012 年以来，张胡村以果蔬产业、乡村旅游业为支撑、以生态宜居为导向，在村党支部班子的带领下，真正把新发展理念和乡村振兴战略融入张胡村的发展上来，实现了产业兴旺、生态宜居、乡风文明、治理有效、生活富裕的总要求。目前，张胡村已经成为中国森林乡村、全区首批国家级无公害生产基地、山西省首批新农村建设试点村、山西农大农科教试验示范基地、省级生态文明村、市级精神文明村。

二、主要举措及成效

张胡村对水果、设施蔬菜两大产业进行“一条龙”服务，大力发展休闲农业和乡村旅游，实现户均一套棚、人均一亩果，通过统一建设规划住房、完善生活配套设施、改善村民居住环境，惠民利民。

（一）发展果蔬农业

20 世纪 80 年代，张胡村就开始发展果树种植和设施蔬菜。1993 年开始探索温室水果种植，1998 年率先在全区种植无公害蔬菜，2001 年率先引进黑早红葡萄，2011 年建成 5000 吨苹果恒温冷库，2012 年开始对这些传统产业进行提档升级，引进工厂化育苗，建设高标准智能型温室大棚，安装了卷帘机，配备了滴管、渗管等节水灌溉设备，采用测土配方施肥、平衡施肥等技术改良土壤，应用防虫网、CO_2 发生器、生物菌肥等技术，达到了增产、增值、增效的目的，打响“张胡”蔬菜公共品牌。

在发展大棚的同时，张胡村没有放松抓传统项目果树产业的发展。近年来，张胡村与山西农业大学不断加强合作，通过持续地改进新品种、推广新技术，采用果实套袋、高光效树体改造、果型剂应用等技术，提高水果品质，果树产业日趋成熟，如今水果种植面积已达 1500 亩。全村基本实现了家庭户均一套棚、人均一亩果的目标，仅果、蔬两项主导产业，即为村民带来 2 万多元的人均纯收入，占到村民全部收入的八成以上，张胡村人终于在致富路上迈出了坚

图 2-4　榆次区张胡村苹果园区

图 2-5 榆次区张胡村设施农业园区

实的一步。此外，张胡村大力发展高效节水灌溉，加快完善农田灌排体系，不断改善乡村生产生活生态条件。

到目前为止，张胡村累计发展温室大棚1000余亩，引进了樱桃、玉露香梨等高端水果品种；设施蔬菜的面积达到了900多亩，种植了水果黄瓜、樱桃西红柿、秋葵等新品种；大田里分批次安排种植了彩色土豆、糯玉米和各种时令蔬菜。如今的张胡村，到处是一派欣欣向荣的景象，彰显着张胡村强劲的发展势头。

（二）实施旧村改造

张胡村地势北高南低，且位于疙瘩河的下游，这条季节性河流一到雨季，常常形成洪水，村南的村民经常遭到洪水的侵袭，房屋修了毁、毁了修，劳民伤财还不安全，村民们都想把房子建到地势较高的北边去。2012年，中央一号文件提出要进一步完善新农村居民点建设和农村居民点环境整治，努力实现“三农”工作新突破。榆次区召开区、乡、村三级干部座谈会，提出利用土地增减挂钩资金推进新农村建设。张胡村在两次旧村改造的基础上，积极利用榆次区土地增减挂钩政策，进一步改善村民居住环境，拓展产业发展空间。分两期实施的改造工程共建成了 136 套小二楼、4 栋单元楼，水、电、暖、气、路、下水管网、污水处理等基础设施同步建设，绿化、美化、亮化同步提升，从此，村里 90% 的村民告别了昔日的小平房搬进了宽敞明亮的楼房。在满足村民居住需求的同时，党群活动中心、文化礼堂、中心广场也依次建立，以倡导庭院美、家风美、行为美为目标的村规民约、文明守则、婚嫁丧葬制度建立健全，更好地满足了村民的文化需求，提升了村民的自治能力和素质。与此同时，村里还不断推进环境整治，同步建成了生活污水处理站和公共卫生间，并实施绿化、美化、亮化等配套工程。依托良好的产业基础，再加上靓丽的村容村貌，张胡村被评为“晋中市美丽宜居

图 2-6　榆次区张胡村全貌

示范村”和“山西省生态文明村”。

（三）发展乡村旅游

2015 年中央一号文件首次释放出推进农村一二三产业融合发展的重大政策导向，同年 12 月，国务院办公厅发布《关于推进农村一二三产业融合发展的指导意见》明确指出，推进农村一二三产业融合发展，是拓宽农民增收渠道、构建现代农业产业体系的重要举措，是加快转变农业发展方式、探索中国特色农业现代化道路的必然要求。鼓励各地拓展农业多种功能、挖掘乡村多元价值，推进农业与旅游、教育、文化、健康养老等产业深度融合，积极发展多种形式的农家乐。实施乡村休闲旅游提升计划。支持农民直接经营或参与经营的乡村民宿、农家乐特色村（点）发展。以此为契机，2016 年，张胡村依托传统产业、旧村改造，积极发展观光休闲农业，建成 1 家采摘接待中心、3 家农家餐饮接待点、5 家水果采摘园、1 家鱼菜共享垂钓园，并且配套建成停车场 1500 平方米、硬化道路 3000 平方米。当前，张胡村的农业旅游逐渐向服务精品化、产品个性化与功能多元化等方向发展，逐渐培育形成了集旅游、采摘、观光、休闲、住宿、康养为一体的农业旅游新业态，通过引入体验式营销模式，使旅游者将场景体验与农业旅游空间深度连接，开启乡村休闲旅游新模式，每年吸引周边城市大约 4000 多人次来此休闲放松，打开了村民致富的新路子。

三、经验启示

现代农业发展不仅要求现代科技的支撑，同时也要求产业发展的观念转变。只有做到技术进步与观念更新多措并举，才能切实保障乡村产业兴旺的长期可持续。张胡村在科技支撑农业内涵式发展的同时深挖绿水青山富矿，有力推动了乡村文旅融合发展与农民收入水平提升。

一是以科技为支撑走内涵式现代农业发展道路。习近平总书记强调："农业出路在现代化，农业现代化关键在科技进步。我们必须比以往任何时候都更加重视和依靠农业科技进步，走内涵式发展道路。"[①] 张胡村在确保粮食安全的前提下，以提高农业供给质量为主攻方向，通过科技赋能果蔬产业，一方面，借助科技手段对不同的果蔬作物对象实施精确化操作，在满足作物生长需要的同时，保障资源节约又避免环境污染；另一方面，实施农业生产环境、生产过程及生产产品的标准化，保障产品安全，实现农产品由低水平供需平衡向高水平供需平衡的跃升，推动农业发展质量变革、效率变革、动力变革。为实现科技对张胡设施农业源源不断地赋能，张胡村党支部、村委会着力提高村民素质，培育新型农民，在全村开展"家家有个小专家，户户有个明白人"的实践活动，学科技、用科技蔚然成风，科技致富深入人心。镇、村两级干部多次组织农民到山东寿光、淄博等地参观学习，并邀请有关专家入村做讲座、到户搞培训。村里还成立了菜农协会、果农协会等组织，利用农闲时间组织村民观看农业技术专题片，交流种植经验。

二是推动乡村休闲旅游践行"两山"理论。一方面，进入新时代，广大人民群众对美好生活的向往更加强烈，旅游需求持续较快增长，乡村休闲旅游的需求更加凸显；另一方面，对于农村来说，最大的资源就是生态资源，最大的优势就是生态优势，乡村旅游既不减少乡村资源又"交易"乡村资源，村民既不离故土又能增收入。张胡村通过乡村民宿、农家乐，卖农家饭、生态农产品，积极发展乡村休闲旅游，深挖绿水青山这座富矿，让越来越多的农民吃上旅游饭、过上好日子。实践再次证明，绿水青山既是自然财富、生态

① 习近平：《在山东考察时的讲话》，2013年11月28日。

财富，又是社会财富、经济财富，绿水青山就是金山银山。

第四节　走出煤炭经济转型困局新路
——晋源区赵家山村

晋源区赵家山村位于太原市近郊，毗邻太原众多旅游景区，该村充分利用自身优势，推行“党支部＋村集体经济＋合作社＋农户”发展模式，聚合资金、土地、人才、技术等要素资源，发展乡村民宿，创建“休闲生态游”主题旅游村，蹚出了一条集经营集体资产、推动土地流转、发展文旅产业于一体的“致富路”，让“小乡村”有了“大市场”。

一、基本情况

赵家山村位于晋源街办东 1 千米处，北距太原市中心 20 千米，是 1983 年从西山搬迁到平川的移民村，全村总人口 187 人，农户 54 户，劳动力 100 余人，耕地 110 亩。曾有村办煤矿 1 座，20 多年来村集体经济主导产业一直以煤矿开采以及运输为主，解决了村里几乎全部劳动力的就业问题。

2006 年，赵家山村被确定为山西省首批新农村建设试点村，2007 年，赵家山村成为太原市首个“低碳生态转型村”。2008 年落实国家政策，实施关闭煤矿，村“两委”真抓实干、大胆创新，紧抓结构调整和绿色转型主线，实现由采煤为主的黑色经济转变为发展养殖和种植业为主的绿色经济，被市委、市政府评为“绿色十佳”创建先进单位。从 2011 年开始，赵家山村先后获得了“太原市生态村”“省级美丽宜居示范村”“全国乡村治理示范村”等多个荣誉称号。如今，赵家山村正在努力打造以“北国江南、晋源人家”为特色主题的休闲度假新农村。

二、主要举措及成效

为走出一条以乡村旅游赋能乡村振兴的新路，赵家山村抢抓全区打造文旅融合示范区的发展机遇，打造独具特色的高效益、高附加值的荷花产业园，发展养殖和种植业为主的绿色经济，同时，有机结合太原古县城、太原植物园、太原龙泉寺等周边旅游资源，为乡村振兴发展注入了新的动力。

（一）由“黑”转“绿”，建设低碳生态经济体系

2008年，赵家山村新的村委会领导班子审时度势，着眼未来，坚决落实国家政策，关闭全村煤矿，决定实行绿色转型，建设生态、低碳科学发展新农村。村党委提出了“一村两站两基地”的发展蓝图，“一村”即改造建设村民住宅新村；“两站”即建设大型沼气站和地热供暖站，“两基地”即建设万头规模生态养猪基地和百亩无公害蔬菜基地，发展“猪—沼—菜”三位一体绿色循环生态农业，倡导低碳经济生活。

（二）发展近郊乡村旅游业

赵家山村有优越的地理位置，与晋阳湖相距仅5千米，西2千米是明太原县城，南与国家4A级景区晋祠相邻，赵家山村被天龙山、太山、蒙山、太原植物园、太原古县城等众多旅游景区环绕，具有得天独厚的近郊乡村旅游发展优势，众多旅游景点为赵家山村的民宿开发提供了无限可能。

一是美化农村环境。2017年秋，在晋源区委、区政府的大力支持下，村里进行了“煤改电”，替换清洁能源。2018年，晋源区将赵家山村列为“百村景区化三年大变样”工程首批启动的试点村之一后，村庄美化、亮化、绿化等工程相继开展。全村的房屋完成了外墙保温。村里改造了生活污水管网，并建起了全区第一个农村生活污水处理站，村内安装了太阳能照明路灯并配备了监控设施，完

图 2-7 晋源区赵家山村

成了路面硬化以及配套的排水系统。

二是推行“党支部＋村集体经济＋合作社＋农户”发展模式，将“民宿＋旅游”产业发展作为壮大集体经济的重要抓手，聚合资金、土地、人才、技术等要素资源，通过流转村民耕地 125 亩，建成了高效益、高附加值、高观赏性的百亩荷花产业园。规模化、专业化、市场化发展高端乡村民宿，建设起一座可同时接待 600 人的餐饮接待中心，创建“休闲生态游”主题旅游村，蹚出了一条集经营集体资产、推动土地流转、发展文旅产业于一体的“致富路”，让“小乡村”有了“大市场”。

三是抢抓晋源区农旅融合发展机遇，通过融合周边太原古县城、太原植物园、太山、晋祠等旅游项目，致力于构建周边供给与游客的交流平台，充分发挥产业集聚效应，真正将花田民宿合体，成为城市居民真正向往的“理想家园”，从而享受“生态型”乡村旅游生活，满足游客在周边“走一走、看一看、赏一赏、歇一歇”的休闲需要。

三、经验启示

实践证明，乡村旅游是推动农业供给侧结构性改革的重要内容，是带动农民就业增收和产业脱贫的重要途径，是促进农村一二三产融合发展的重要载体，是带动农民创业创新的重要平台，且日益成为富裕农民、提升农业、美化农村的朝阳产业。太原市晋源区赵家山村将实施乡村振兴战略作为推进高质量发展的新引擎硬任务，深入推进农村旅游供给侧结构性改革，有效促进了乡村产业振兴。

一是始终突出乡村特色，坚决防止背离农村。赵家山村始终注意乡土味道、保留乡村风貌，坚持以美丽田园为韵、生态农业为基、民居村落为形，不但传承传统建筑、保护自然资源、保护历史文化遗迹、发展农业生产、改变农村风貌，还注意传承传统农耕文化、

图 2-8 晋源区赵家山文化礼堂

传统饮食文化、传统乡土文化、传统手工技艺，真正把农民劳动生活、农村风情风貌、农业产业特色体现出来。

二是高度重视规划引领，坚决避免盲目无序发展。赵家山村依托区委、区政府和村委的整体规划，立足自身毗邻旅游资源、近郊区位优势、新农村特色、太原周边市场等，科学制定乡村旅游规划，努力与当前需求适配。

三是努力促进合作共赢，坚决杜绝损害农民权益现象。赵家山村与太山、晋祠、太原古县城等旅游景区打造合作平台，完善利益分配机制，促进形成各方合作共赢的良好局面，尤其是重视保障当地村民的发展权，大力发展村集体经济，充分保证村民参与乡村旅游经营的空间和机会，使农民共建共享更多增值收益，切实发挥好乡村旅游扶贫、富民的作用。

第五节 赋能传统文化发挥比较优势
——尧都区沟上村

沟上村位于山西省临汾市尧都区，又名凤凰囤，因村庄形状似凤凰而得名。毗邻临汾市城区，南同蒲铁路、霍侯一级公路穿境而过，东靠 108 国道。近几年，沟上村积极响应乡村振兴战略，以产业振兴为引领，深度挖掘优秀传统文化的经济价值、文化价值、社会价值，深度挖掘城郊融合类村庄的发展潜力，全村整体景观、文化氛围、文化设施、智慧农业等总体升级，更好带动基层治理和乡风文明建设走深走实，建成“业兴、家富、人和、村美”的“四好村”。

一、基本情况

沟上村位于临汾城北近郊，东靠 108 国道，南同蒲铁路、霍侯一级公路穿境而过。全村地势平坦，土壤肥沃，土地面积 1500 余亩，

图 2-9　沟上村门楼

图 2-10　沟上村凤凰囤小区

其中耕地面积 1100 亩。辖 3 个村民小组，有 426 户 1658 人，党员 60 人。近年来村党支部大力发展集体经济，壮大集体经济收入，村子不仅没有流失人口，反而吸引越来越多村民来村务工、生活，全村居民共同致富。2020 年村党支部被山西省委组织部评为“省级标杆党组织”，2022 年村子被评为“市级乡村振兴示范村”。

二、主要举措与成效

近几年，沟上村坚持党建引领、立足自身优势、盘活集体资产，在弘扬传统文化中嗅到商机，做大文化产业，利用区位优势建设临汾市“卫星小镇”，走出了一条集体与群众双赢共富的乡村振兴新路。

（一）弘扬威风锣鼓传统文化，做大特色文化产业

一是弘扬威风锣鼓传统文化。沟上村村民自古就擅长威风锣鼓，

图 2-11　沟上村威风锣鼓队

图 2-12　沟上村威风锣鼓表演

一代代传承，几乎家家户户都会敲锣鼓，在逢年过节时组织威风锣鼓队进行表演已经成为沟上村的一种文化符号。但是，过去只是把锣鼓作为传统文化习俗进行延续。在全面推进乡村振兴背景下，村党支部为了丰富村民精神文化娱乐生活，重振延续六十载威风锣鼓雄风，牵头认真组织，稳定了锣鼓队骨干成员，丰富了演出形式，形成了自身特色，扩大影响力的同时经常能接到一些地方政府和企业发出的进行友情演出的邀约。2016 年，沟上村锣鼓队在排练时被群众拍成视频发到了网络上，其整齐划一的队伍、花样繁多的打法、斗志昂扬的面貌，很快引起“爱我中华 · 爱我港澳”2017 年文艺展演系列活动组委会相关人员的关注。2017 年 3 月，沟上村锣鼓队应组委会邀请远赴香港表演，并被组委会授予文艺展演“最佳风采奖”。

二是做大特色文化产业。赴香港商演的大获成功直接打响了“沟上威风锣鼓”品牌，在嗅得商机后，村党支部发扬“支部建在连队上”的宝贵经验，建立文化产业党小组，专门负责威风锣鼓队事宜，专心将传统文化威风锣鼓做大做强为沟上特色文化产业。至此，沟上村威风锣鼓队走上了公司化、专业化经营模式，走上了商演道路：一方面抓队伍，斥资 10 万余元聘请金鼓乐文化传播公司专业老师改良曲谱，定期组织专业编排，同时不断吸收壮大队伍，将最初 50 人的队伍扩建到 500 余人，并投资 15 万元添置锣、鼓、铙、镲等表演设备，统一购置服装道具；另一方面抓业务，文化产业党小组确定专人负责联系商演，锣鼓队先后赴蒲县、浮山、安泽、洪洞、运城等县市演出，并与市总工会、文化传媒公司机构合作，参加市区各种大型演出。

沟上村的威风锣鼓产业，不但传承了文化、丰富了群众文化生活，而且实现了集体增收、群众致富。自 2017 年组建以来，沟上村威风锣鼓队每年平均参与商业演出 20 余场，累计参演 110 余场次，累计实现增收 180 余万元，为集体创收 30 余万元。同时，通过组织威风锣鼓演出，化解了村民矛盾纠纷，促进了邻里和谐，形成了强大的向心力和凝聚力，为沟上村的乡村振兴注入了源头活水。

（二）利用区位优势，建设临汾市“卫星小镇”

一是建设汽车服务产业园区。沟上村位于临汾城北近郊，东靠 108 国道，南同蒲铁路、霍侯一级路穿境而过。近年来，沟上村依托良好的区位和交通优势，在交通干道周边通过发包集体土地，集中规划和建设占地 10 余亩的汽车产业园区，吸引优质汽车 4S 企业、机械销售公司，形成了以汽车展示、销售、服务为主体的多功能产业园区。目前，土地租赁为沟上村集体经济每年固定创收 30 万元以上，为村民提供各类就业岗位 200 余个，直接带动村民在家门口就业。

二是打造城郊农业、旅游农业。沟上村强化农业产业结构调整力度，加快建设美丽乡村，推进百亩蔬菜大棚种植，促进“农业＋旅游”深度融合，带动发展生态农业、品牌农业、旅游农业。2021年，沟上村流转村民土地99.77亩建设百亩蔬菜大棚种植基地，建设33座大棚，包括日光温室大棚18座、春秋大棚13座、研学基地玻璃温棚1座、育苗玻璃温棚1座，另建设改造农家小院5个，包含了农家宴小院、乡居书社、鲁班工坊、希望种子铺、沟上饭庄等，配套建设一米菜园、乡愁广场等设施。目前，该种植基地大棚里，长茄、番茄、长辣椒、黄瓜、萝卜、白菜等蔬菜长势喜人，且已和“邦达央厨”达成合作协议，进行订单销售，还将开通电商直播平台。同时，沟上村充分发挥作为临汾市“卫星小镇”的优势，推出依托果林和菜园以采摘、观景、赏花、踏青、果品销售为主的园林观光游，以参加农业生产活动、实际接触农业生产、体验特殊乡土气息为主的务农体验游，以利用农耕技艺、农耕用具、农耕节气、农产品加工为主的农耕文化游，以锣鼓表演、民间技艺、民间手工制作为主的乡土文化游，以现代农业观光、参与体验、DIY教育活动为主的科普教育游。据初步估算，“百亩蔬菜大棚”项目完全建成后集体年可增收80余万元，带动群众就业300余人，将成为村集体经济支柱产业。

（三）集体经济带动个体经济繁荣

过去的沟上村没有支柱产业，村集体经济薄弱，村里的民生事业一度停滞不前。村中道路坑洼不平，晴天尘土飞扬，雨天泥泞不堪；村里没有排水管网，夏日污水肆意横流，冬日污水结冰处处湿滑；垃圾四处堆存，很不卫生。现在，沟上村形成了“增收—共享—凝力—发展—再增收”的良性循环体系。一方面，通过产业带动就业、通过就业吸引人口、通过人口再次带动产业，沟上村吸引外来人口150余户500余人入住。随着人口的增加，带动了村内超市、幼儿园、集贸市场、各类商铺的发展，也再次搞活个体经济，带动群众增收致富；另一方面，村集体经济壮大了，走上了可持续、高质量发展之路，不少有想法、有学识、有理想的青年人才都回到村里发展了，乡土人才活跃在乡村振兴一线，进一步助力了产业发展。

三、经验启示

在乡村振兴中推动实现村庄产业兴旺，应当基于乡村自身条件因地制宜，深入探索、精准施策，充分发挥乡村自身比较优势，发掘乡村产业兴旺的内生动力。沟上村通过深度挖掘村庄的多元价值，实现了产业兴旺、村民富裕、村庄繁荣。

一是深度挖掘优秀传统文化的经济价值、文化价值、社会价值。威风锣鼓被誉为“天下第一鼓”，威风锣鼓表演是特有的中华优秀传统文化，它活跃在我国山西省黄河流域一带，有四千年的发展历史，到今天，已经成为民间喜闻乐见的一种文化娱乐活动。沟上村深度挖掘这一优秀文化的经济价值和社会价值，使之成为全村乡村振兴的重要抓手。沟上村党支部敏锐地在优秀传统文化中嗅到商机，充分延伸传统文化的经济价值，通过公司化、专业化运营，为村民和村集体带来可观的经济价值。同时，文化产业更是乡村基层治理、乡风文明建设的有效手段。威风锣鼓队的成立让一些村民从麻将场走上小广场，从村里走向世界，不仅以文塑形，更以文塑魂，引导大家培育良好的生活方式，营造出积极向上、欢腾活跃的良好氛围，更好地带动基层治理和乡风文明走深走实，激发乡村振兴内生动力和强劲活力。

二是深度挖掘城郊融合类村庄的发展潜力。城郊融合型村庄凭借优越的区位条件，具备城镇化发展或融入城市发展的空间优势，城市经济发展会对其产生深刻影响与带动。沟上村充分发挥自身作为临汾城近郊的区位比较优势和毗邻 108 国道、同蒲铁路、霍侯公路的交通优势，一方面，依托与消费市场距离较近的优势，发展农业田园综合体、特色农业产业示范园、特色农业现代化示范区蔬菜种植基地，开发与创新设计文旅产品，大力促进体验式乡村旅游的发展，增强产业附加值；另一方面，发挥自身区位优势，发展地租经济，建设高标准汽车服务产业园区，不断延伸产业链条、提升服务质量、创优消费环境，打造临汾市的“卫星小镇”。

三是产业是发挥基层党组织作用的重要通道。这些年来，沟上村“两委”充分发挥党支部的坚强领导作用，通过“走出去学，引进来干”，坚持党建引领、立足自身优势、盘活集体资产，确定了“一核多元”科学发展集体经济的思路——以村党支部为核心，以村民委员会、村集体经济组织两个主体为依托，通过各类产业最大限度增强村集体经济发展的“造血”能力，先后成立沟上村威风锣鼓队、建成汽车服务产业园区、建设百亩蔬菜大棚，不仅成功破解了多数村发展集体经济思路单一、手段不足等难题，带动更多群众致富，更促进了全村民生事业的发展，基础设施建设实现了质的提升，道路硬化升级全覆盖、老年日间照料中心免费吃午饭并开展贴心服务，每年的粮食种植、收割都由村集体统一安排，甚至不需要村民出钱出力，村集体还给小学生“三个一”大礼包（每年一套校服、一张照片、一份保险）等福利，保证青壮年村民、老年人、学生等各类村民群众共享发展成果，形成全村心往一处想、劲往一处使的良好局面，进一步增强了党组织在村民心中的领导力和凝聚力。

第三章 生态宜居

第一节　概述
第二节　"百村景区化"高标准建设美丽乡村——太原市晋源区
第三节　拆旧增绿建设生态新家园——朔州市朔城区
第四节　打造沁河流域污水治理示范区——晋城市阳城县
第五节　实施生态靓市战略，打造绿色美丽新环境——运城市河津市党的二十大报告提出：“必须牢固树立和践行绿水青山就是金山银山的理念，站在人与自然和谐共生的高度谋划发展。”“持续深入打好蓝天、碧水、净土保卫战。”“统筹水资源、水环境、水生态治理，推动重要江河湖库生态保护治理。”“提升环境基础设施建设水平，推进城乡人居环境整治。”乡村振兴，生态宜居是关键。生态和宜居两者的关系互为基础、互相促进，好的生态环境有助于实现宜居状态，反过来人民对于宜居的需求又会对生态提出更高的要求。

第一节 概述

生态宜居是乡村生态与农民生产生活的有机统一。良好的生态宜居环境，是提升农民生活水平、提高生活质量、提升幸福感的基础和保障。

一、生态宜居对乡村振兴先行示范的作用和意义

良好生态环境是乡村振兴的重要支撑，生态宜居能引领乡村绿色振兴，从农村美走向农业强、农民富。

（一）生态宜居能够促进乡村振兴战略的实施

实施乡村振兴战略，是解决农民生产生活和农村社会发展的问题。良好的生态环境是农村相比城市的第一大优势，所以如何发挥农村生态优势，是解决农村发展问题的一大方向。改善农村人居环境，建设美丽宜居乡村，是解决农民生产生活条件的问题，也是实施乡村振兴战略的一项重要任务。先行示范县经济发展基础相对较好，更要高起点、高标准推进乡村振兴战略的实施，发扬乡村生态优势、补齐乡村生活环境短板、推动绿色发展，以生态振兴为抓手推动乡村全面振兴，把保护生态环境与建设美丽宜居乡村有机结合，不断培育农村发展新业态，激发农村农民内生动力。

（二）生态宜居能够满足农村生态保护、农民生产、生活发展的现实需要

山西在《山西省贯彻落实〈农村人居环境整治提升五年行动方案（2021—2025 年）〉的实施方案》中提出了相关工作目标，要求先行示范县到 2025 年农村人居环境基础设施建设水平全面提升；农村卫生厕所普及率达到 90% 左右，厕所粪污实现无害化处理和资源化利用；农村生活污水治理率达到 50% 以上；农村生活垃圾基本实现无害化处理，垃圾分类试点比例进一步提高；农村人居环境长效管护机制全面建立。从工作目标我们可以看出，即使是先行示范县，在农村环境治理方面的欠账依旧较大，建设宜居宜业和美乡村，有利于推进农村生活垃圾、污水、厕所粪污的治理，有利于解决农村环境污染问题，有利于提升农民生产生活条件，可以满足农村生态保护、农民生产、生活发展的现实需要。

（三）生态宜居符合城乡融合发展的内在要求

党的二十大报告提出，“坚持城乡融合发展，畅通城乡要素流动”。城乡建设要体现尊重自然、顺应自然、天人合一的理念，依托现有山水脉络等独特风光，让城市融入大自然，让居民望得见山、看得见水、记得住乡愁。城乡融合需要城市和乡村的联动发展，需要农业农村的现代化，需要建设宜居宜业和美乡村。宜居宜业和美乡村是留住乡愁的重要载体，是农民的精神归属。生态宜居才能留住乡村，有了生态宜居的乡村才能更好地唤回乡愁、留住乡愁。

二、先行示范县在生态宜居方面的总体做法

山西省先行示范县乡村的生态振兴，一方面通过实施乡村清洁行动保障农民生产生活类基础设施的高效运行，另一方面通过统筹山水林田湖草系统治理、建立市场化多元化生态补偿机制等来保障生态的有力支撑，从生态、宜居两个方向共同打造生态宜居的理想环境。

（一）实施乡村清洁行动

近年来，山西省将农村人居环境整治工作纳入全省实施乡村振兴战略的实绩考核，对全省农村人居环境整治三年行动开展全面评估。在出台《山西省农村人居环境整治三年行动实施方案》基础上，每年出台一个行动计划，将年度任务项目化、具体化。同时，坚持分类施策、分层次推进，聚焦重点难点，加快补齐补好农村人居环境短板。2018年开展农村建筑第五立面整治，对建筑物屋顶、建筑立面、施工工地等实施集中综合整治，建立建筑风貌管控长效管理机制，城乡风貌进一步提升。2019年全省开展以“一拆三清一改”（即“拆违治乱，清理农村生活垃圾、清理村内河道沟渠、清理畜禽粪污等农业生产废弃物，改变影响农村人居环境的不良习惯”）为主要内容的村庄清洁行动，村庄内乱圈乱占乱搭乱建、生活垃圾乱堆乱放、污水乱泼乱倒现象明显减少，村庄环境干净、整洁、有序，村容村貌明显提升。2020年开展以“治六乱、靓家园、迎小康”为主题的村庄清洁专项行动。2021年，山西省聚焦“三化一改善”，全面启动乡村建设行动，农村人居环境提质提档。出台改善农民生产生活条件10件实事实施方案，推动“路、水、暖（气）、电、数、链、废、机、田、证”基础设施建设和公共服务村村延伸、户户覆盖、人人受益。推进农村垃圾治理、污水治理、“厕所革命”、村容村貌提升和农业生产废弃物资源化利用。

运城市盐湖区将农村人居环境改善作为提升群众幸福指数的民生工程，突出城乡环境治理，推进美丽乡村建设，通过多措并举，大力推动以文明城市创建为核心的“五城同创”，促使环境综合整治得到大幅改善。针对园中村、纯农业村、旅游村、控制建设村这四个类型，因地制宜、一村一策，实施“四个同步”策略全面推进全区农村人居环境改善。[①] 朔城区通过高标准改造98个老旧小区片区、实施“三线引领、十村示范、百村整治”农村人居环境整治全覆盖工程，深入开展“三清三化三治理”和“治六乱”专项行动等，整体提升城乡人居环境。[②] 河津市坚持把农村生活污水治理作为改善农村人居环境的重中之重，坚持先试点后推广、先局部后全局的治理思路，全面铺开农村生活污水综合利用工程。经过多年努力率先在全省实现农村污水治理全覆盖，并成功入选全国农村生活污水治理示范县（市）。[③] 长治市上党区始终把农村“厕所革命”作为农村人居环境整治的重点任务抓在手上，科学谋划推进农村改厕工作，充分发挥村级组织的主体作用，选用本土改厕专业队伍，有力地调动了群众参与改厕的主观能动性，同时也为部分农村富余劳动力和贫困家庭增加了一份收入。[④]

（二）坚持生态为基，扎实改善乡村生态保护和修复

近年来，山西坚持规划引领，印发《山西省黄河流域生态保护和高质量发展规划》《山西省“十四五”“两山七河一流域”生态保护和生态文明建设、生态经济发展规划》，同时配套完善了空气质量提高、重点流域水生态环境保护以及土壤、地下水、农村生态环境保护等系列政策措施，初步构建了支持黄河流域生态保护和高

---

① 芦燕娟:《环境美了 生活好了 幸福感更强了》，《山西日报》，2018年09月13日。

② 丁海云:《办实事有力 惠民生有温度》，黄河新闻网，2021年12月22日。

③ 乔卿:《河津：推进污水综合治理打造生态宜居乡村》，山西新闻网，2022年4月25日。

④ 张力云:《上党区：农村改厕让农民群众更方便》，《长治日报》，2020年9月27日。

质量发展的时间表、路线图、施工图。先行示范县以“两山七河一流域”为主战场，积极探索以生态优先、绿色发展为导向的高质量发展新路子，生态环境质量持续提高，厚植绿色底色和质量成色。

阳城县以“筑牢南太行绿色生态屏障、护卫南太行水塔”为目标，山水林田湖草一体治理，治山、治水、治气、治城一体推进，于 2021 年被生态环境部命名为国家生态文明建设示范区。[①] 原平市通过开展碳达峰原平行动、重点行业能效提升行动、污染防治行动、水污染防治攻坚行动等，积极推进生态赋能。河津市将采煤沉陷区综合治理作为乡村振兴和为民办实事的重要抓手，本着尊重民意，突出重点，因地制宜，分类实施的原则，分批实施采煤沉陷区搬迁安置项目。

第二节　“百村景区化”高标准建设美丽乡村——太原市晋源区

实施乡村振兴战略，是党中央做出的重大决策部署，改善农村人居环境，建设美丽宜居乡村，是实施乡村振兴战略的一项重要任务，事关全面建成小康社会，事关广大农民根本福祉，事关农村社会文明和谐。

一、基本情况

晋源，历史悠久、文化厚重、山水秀美、宜居宜业。全区区域面积 290 平方千米，辖金胜、晋祠、姚村 3 个镇和义井、罗城、晋源 3 个街办。2018 年起，晋源区以“绿水青山就是金山银山”的新

① 朱紫阳:《山西阳城入选第五批国家生态文明建设示范区》，人民网—山西频道，2021年10月19日。

发展理念为引领，以落实乡村振兴战略和推动农业农村现代化为主导，主动对标一流，自加压力，全力推进，抓重点、补短板、强弱项，按照“四个一批”模式，实施“五大工程”，以“百村景区化、三年大变样”工程为主要抓手，将绿水青山、田园风光、乡土文化连成线、集成片，构建乡村振兴“晋源版”农旅融合新格局，聚力打造国家全域旅游示范区，促进生产生活生态有机融合，打造有颜值有内涵的城市客厅、环境好人气旺的宜居家园、风景美故事多的休闲胜地、品位高底蕴厚的文明城区。

二、主要举措及成效

晋源区持续抓好“厕所革命”、污水垃圾治理，推进“四好农村路”建设，推动基础设施和公共服务往村覆盖、往户延伸，打造了一批市级、省级美丽宜居示范村。

（一）以全域旅游示范区建设为契机，实施“百村景区化”建设工程

“百村景区化、三年大变样”是晋源区实施的一项重要民生工程。2018 年先后完成了 19 个城中村和 4 个城边村的改造，实施了 5 个村的采煤沉陷区搬迁安置，创建了省级改善农村人居环境示范村 6 个、市级美丽宜居示范村 11 个，群众的生活环境日新月异，精神面貌也焕然一新。2019 年启动并完成 33 个村的晋祠水源置换工程，农村基础设施、公共服务水平再上新台阶。2020 年是全省农村人居环境整治三年行动的收官之年，也是晋源区“百村景区化、三年大变样”工程的决战之年，启动并完成了 14 个村的建设工程。到 2021 年，晋源区完成了 53 个示范村建设，2022 年晋源区继续加快推进“百村景区化”建设，20 个示范村的建设全部开工。

2018—2020 年，根据全区 95 个村的发展现状、区位条件、资源禀赋，晋源区委、区政府按照城市化一批、城镇化一批、产业化一批、

图 3-1 晋源区晋阳堡村休闲活动小广场

生态化一批的“四个一批”改造模式，因地制宜、分类施策，实施“百村景区化、三年大变样”工程。“城市化一批”是通过城中村改造，推动义井、小站营、吴家堡等 42 个农村“城市化”，建成城景交融、产城融合、品质生活的现代化社区；“城镇化一批”是通过完善乡村的基础设施和公共服务设施，推动东院、南张、高家堡等 23 个农村“城镇化”；“产业化一批”是通过深化农村集体产权制度改革，巩固基本经营制度，完善承包地“三权分置”制度，推动东城角、东关、古城营等 13 个农村“产业化”；“生态化一批”是通过对已实施人口搬迁的“空心村”大力植树造林，建立市场化、多元化生态补偿机制，增加农业生态产品和服务供给，推动下石、蚕石、杜里坪等 17 个农村“生态化”。重塑城乡关系，推动城乡融合发展。

（二）以绿色发展理念为根本，下好乡村振兴先手棋

2018 年工程启动以来，晋源区始终坚持高位推进、坚持问题导

向、坚持分类实施、坚持规划引领、坚持部门联动、坚持资金保障，工程建设呈现出了重视程度高、发展定位准、发展模式全、规划起点高、部门配合紧、资金投入大的特点。

一是坚持高位推进。晋源区把“百村景区化”工程作为“一把手”工程，区、镇、村党政主要领导强力推进。2018 年，成立了由区委书记任组长、区长任第一副组长的“百村景区化、三年大变样”领导小组，区委、区政府党政主要领导先后主持召开专题会议 83 次，深入试点村调研指导 146 次，现场实地解决各类问题 420 余件。领导组办公室坚持周例会制度，并根据实际工作需要不定期召开现场会、督查会、协调会等 132 场次。二是坚持问题导向。从大处着眼，从细处入手，向实处着力。晋源区从影响农民群众生活品质的短板补起，从人居环境改善的弱项强起，从农民群众生产生活最迫切需要的实际做起，推进农村基础设施建设，切实改善农民群众生

图 3-2　赵家山荷塘改造后效果

产生活条件。三是坚持分类实施。对全区 95 个农村分别按照“城市化一批、城镇化一批、生态化一批、产业化一批”的模式进行改造。具体为：对义井片区、晋阳湖片区、新城片区周边的城中村进行“城市化改造一批”，实现产城融合、城景相融；对晋祠片区、姚村片区、晋源片区周边规模较大、人口较多的中心村，在原有规模基础上进行“城镇化改造一批”，完善基础设施和公共服务设施，实现基本公共服务均等化；对位于西部山区已实施人口搬迁的“空心村”进行“生态化改造一批”，实施复垦还绿，增加乡村生产生态空间；对店头等历史文化名村、窑头等传统村落、东关等产业特色明显的村落进行“产业化改造一批”，扶持其发展乡村旅游、花卉种植等产业，优化环境、提振人气、增添活力，建设宜居宜业美丽村庄。四是坚持规划引领。区政府组织制定《乡村人居环境改善技术导则》，从规划技术层面做好顶层设计；制定《农民自建房管理办法》，对全区农村房屋风貌统一规范。同时，聘请国内一流设计团队，根据各村特点制定设计方案，突出强调规划设计的前瞻性、科学性和可操作性，做到既兼顾当前又考虑长远、既体现现代文明又突出乡村特色，避免“百村一面”。五是坚持部门联动。全区各部门、各镇（街）协调配合、全力推进。各镇（街）充分发挥主体作用、进村蹲点，各成员单位主动履职、相互配合，各施工单位精心组织、加快施工，规划设计单位对规划设计及施工全程指导，村“两委”干部主动担当，每天蹲守工地，协调各类拆迁、房屋损毁、临时占地等问题，确保了工程的顺利实施。六是坚持资金保障。2018 年区财政预算安排资金 2 亿元，2019 年预算资金 2.3 亿元用于百村景区化基础设施建设，占到区财政全年财政预算支出的近五分之一，2020 年在区财政严重紧缩的情况下仍然安排预算资金 5000 万元，并积极争取地方债券等途径筹措资金继续开展美丽乡村建设工程。在财政资金保障的前提下，充分发挥财政资金引导作用，撬动更多金融和工商资本投入工程建设。

（三）以浙江“千万工程”为榜样，开拓美丽乡村建设晋源路径

按照“走出去，引进来”的思路引领，赴浙江安吉等先进地区学习先进理念，借他山之石，悟攻玉之道。坚持建管并重，以管为主的原则，扎实推进农村人居环境改善。

一是走出去，借鉴美丽乡村建设经验。2018 年 3 月 5 日到 8 日，区委书记带队赴浙江安吉和淳安两县进行实地考察，认真学习借鉴浙江“千万工程”的先进理念和经验做法，为晋源区“百村景区化”工程提供了建设的思路和样板。二是建机制，长效管护美丽乡村。初步建立了垃圾、污水处理统一规划、统一建设、统一运行、统一管理的“四统一”建设机制和有制度、有标准、有队伍、有经费、有督查的“五有”长效管护机制，并制定《晋源区农村人居环境长效管护办法（试行）》，积极探索建立农村生活垃圾、污水处理农户付费制度，形成长效管护机制。三是促民生，提升农村基本公共服务水平。切实抓好区政府为民办的十件实事之农村公共浴室建设和农村老年餐厅建设工作。在洞儿沟、东关村等 24 个村建设农村公共浴室，基本实现农村公共浴室全覆盖。在大元村、北庄头等 21 个村开展老年餐厅改造工作，不断满足广大基层群众对美好生活的需要。四是强素质，培养农民群众良好习惯。充分发挥基层党组织的战斗堡垒作用和党员干部的先锋模范作用，带动群众形成垃圾分类、“门前三包”的良好生活习惯；以基础设施的硬件提升带动农民群众的素养提升，定期组织乡风文明文艺表演进村下乡，将舞台变成讲台，促进广大农民群众的素养提升。

（四）以“五大工程”为引领，打造美丽乡村建设晋源新样板

按照“产业兴旺、生态宜居、乡风文明、治理有效、生活富裕”

总要求，大力实施“五大工程”，积极探索美丽乡村建设的长效管理机制，实现屋内屋外、院内院外、村内村外环境面貌彻底改变。

实施农村生活污水治理工程，推动城镇污水管网向周边村庄延伸覆盖。同时，对禁养区范围内养殖企业（户），全部实行搬迁或关闭，关停取缔 5 家养殖企业，对可养区范围内有一定规模的养殖企业的畜禽粪污实施生态化治理，畜禽粪污资源化利用率达 75% 以上。推进农村“厕所革命”，根据晋源区实际情况，对已经具备条件的村庄陆续进行水冲厕所改造。仅 2019 年一年，晋源区完成农村户用厕所改造 7872 座。实施农村生活垃圾处理工程，将农村生活垃圾收运纳入环卫专业队伍管理，进一步完善“户分类、村收集、镇（街）收运、区转运”的乡村生活垃圾收运管理模式，提高农村生活垃圾转运和无害化处理能力。实施乡村畅通工程，高标准建设“四好农村路”，把交通线建成景观带，形成城景通、景景通的旅游路网体系，使晋源乡村成为太原省会的“后花园”。实施村容村貌整治工程，开展“三边四化、五线入地”行动，拆除村内宅基地以外违章建筑 1293 处，进一步实施洁化、美化、亮化、绿化工程。景区化村庄全部实施弱电线缆入地，在具备条件的街道实施强电入地，铺设强、弱电管网 85.6 千米，对村庄整体风貌进行提升整治，整饰立面约 23 万平方米，打造各具特色的乡村风貌；在条件允许的情况下进行村内街道绿化、村外环村绿化，种植各类乔木、灌木、绿篱等 8000 余株，形成村在林中、林在村中的生态美景。

经过全面改造，农村生活污水治理、生活垃圾治理、“厕所革命”、村容村貌整治、乡村畅通等“五大工程”顺利推进。其中包括高标准新改建农村“四好”公路，实现建、养、管、运协调发展；确保鹅归店、五府营等变电站建成投用和群众用电稳定可靠；在已建成 11 个农村公共浴室基础上，新建 7 个农村公共浴室和 10 个老年餐厅，惠及 3000 个家庭。晋源区中医医院和 4 个基层健康体检管理中心建成投用，完善吴家堡、北堰、南堰等城改新建小区 6 所学校配建，完成槐树等采煤沉陷区 5 村安置小区搬迁。各个村庄实现饮水安全，无害化卫生厕所全覆盖。村容村貌洁化、绿化、美化、亮化；电力、通信、广电等所需线缆全部入地。晋源区农村变成一个大景区、大花园，实现了全域提升、全境整洁、全民获益，群众的生活和出行更加方便快捷。

（五）“四治”发力，持续改善生态环境

实施山体破坏面生态修复工程，大力实施绿化彩化财化行动，全区森林覆盖率达 28.65%。推进晋祠泉域水源置换工程，关闭水井 24 眼。强化黑臭水体治理，推进柳子河、南峪沙河等 6 个入汾口断面水质达标，持续改善汾河晋源段水质。全年空气质量优良天数 222 天，同比增加 28 天；PM2.5 平均浓度同比下降 5.0%，PM10 平均浓度同比下降 6.5%，SO_2 平均浓度同比下降 18.2%，空气质量明显提高，蓝天白云成为常态，绿水青山重回视野。完成 3 个老旧小区、5 条背街小巷升级改造和 5 个小游园、5 个街头绿地及 5 条林荫路改造。实施文化惠民工程，开展送戏下乡 130 余场。推进 10 个新改建农村老年餐厅建设，让农村养老更贴心。在全市率先为 1.9 万余户“煤改气”居民投保燃气事故险，用户人身财产更有保障。

（六）以人居环境为基，因地制宜发展产业

晋源区在不断改善人居环境的基础上，依托文化、生态、旅游资源优势，推进“两带三区”建设，抢占都市现代农业发展高地，推动农业全面升级、农村全面进步、农民全面发展。各个村庄的产业发展因地制宜，各具特色：一是做强做优凤凰农庄、云秀农庄等一批农业园区，建设休闲景观农业带；二是新增玉露香梨、樱桃等特色水果 1000 亩，建设西边山区特色水果带；三是引进大企业规模化经营，新增晋祠水稻种植，建设晋祠大米现代产业园区；四是扶持梅芝园艺花卉企业，组建晋源花卉集团，建设万亩花卉产业观光园区；五是依托国新晋药发展中药材种植，建设姚村中药材观光园区。按照“旅游＋”的理念，加快发展观光农业和乡村旅游。依托西山一带自然生态、田园景观、民俗文化和农业特色优势产业，将自然风光和人文资源有机结合，大力发展以休闲度假、旅游观光、养生养老、农耕体验、农业创意、乡村手工艺等为重点的新产业、新业态，形成历史感、文化味、生态性并存的各具特色的发展新模式，走出具有晋源特色的乡村振兴道路。

三、经验与启示

乡村振兴，生态宜居是关键，完善设施是基础，农民满意是终极目标。晋源区“百村景区化”的推进，持续改善了乡村生态环境，将生态优势转化为产业发展优势，让人民群众持续共享绿色发展成果。

首先，持续改善基础设施条件，不断提升公共服务水平。聚焦农民关心的人居环境痛点难点问题，实施“五大工程”，加强农村公共基础设施和公共服务建设，补短板、强弱项、提水平，让广大农民群众拥有良好的生产生活环境，更多更好共享改革发展成果，增强获得感幸福感。

其次，转变群众思想作风。农村人居环境的改善、基础设施的不断完善，可为人才返乡创业、农民就地就业创业提供便利，亦可增强农村对社会投资的吸引力。充分发挥基层党组织的战斗堡垒作用和党员干部的先锋模范作用，激活农民群众建设美丽乡村的内生动力，唤起村民文化自信、树立村民自爱精神、增强村民向心力凝聚力。在改善农村人居环境过程中，通过加强宣传教育、普及科学知识，以基础设施的硬件提升带动农民群众的素养提升，引导农民群众逐步养成文明生活方式。

再次，坚持分类实施。立足当地的发展现状、区位条件、资源禀赋等，因地制宜、分类施策对全区95个农村分别按照“城市化一批、城镇化一批、生态化一批、产业化一批”的模式进行改造。对于适宜产业化打造的，立足当地生态禀赋，选好产业业态，深挖生态涵养、休闲体验等功能，把生态优势转化为经济优势，从单一的卖产品向“卖风景”“卖体验”等转变。

第三节　拆旧增绿建设生态新家园——朔州市朔城区

农村人居环境整治，破旧宅院的拆除是基础，也是难点。同时，破旧宅院的改造既是推动农村人居环境提档升级的途径，也是乡村旅游的新风尚。朔州市朔城区多措并举，大刀阔斧地对破旧院落进行整治，推动乡村风貌大提升，为当地百姓带来不错的收益。

一、基本情况

朔城区是朔州市政府所在地，辖9乡2镇4个街道299个行政村，常住人口56.9万人。朔城区将农村人居环境整治作为乡村振兴的重中之重，针对农村有碍观瞻的破房烂院、残垣断壁，以拆除破房烂院和违章建筑为切入点，统筹规划、因地制宜，注重“四个突出”，破难点、疏堵点，拆旧增绿、化茧成蝶、全民动员、注重长效，持续推动农村人居环境不断提档升级，全区农村环境面貌焕发出新气象。

二、主要举措及成效

朔城区把拆除破旧宅院作为突破口，在破旧宅院改造上下足了功夫，改变传统的零打碎敲、修修补补的做法，在闲置资源再利用上做文章。通过对废弃宅院完全清理、腾退空地再利用、历史遗存加强保护等措施，补齐农村人居环境短板，推动全区乡村风貌实现大转变、大提升。

（一）突出规划引领，推动美丽乡村建设行稳致远

朔城区聚焦打造六郎山、紫金山、神女山三条乡村生态旅游精品线，坚持规划先行、因村施策，实施“三线引领、十村示范、百村整治”工程，聘请华东林业设计院和台湾谢英俊建筑事务所进行整体规划、全程指导，突出科学性、实效性、长远性，在建成20个高标准示范村、16个美丽宜居村，完成92个重点村整治的基础上，再次确立“每个乡镇打造2~3个高标准美丽示范村、重点整治村整体提升”的工作目标，示范带动、由线扩面，整体推动乡村风貌大提升。

（二）突出整治重点，把拆除破旧宅院作为主攻点突破口

朔城区改变传统的零打碎敲、修修补补的做法，实施“三清三化三治理”，在“拆”字上下功夫，在闲置资源再利用上做文章。

图3-3 朔城区神头镇一角

一是下大力气拆破旧，废弃宅院全清理。实施“三清三化三治理”，以拆除破房烂院为突破口，整村推进、彻底治理。尊重群众意愿，对一些毫无修缮价值且存在较大安全隐患的破房烂院和残垣断壁全部进行拆除。拆前征求群众意见，派专人丈量四至、核定面积、按户建档，清理出的空地仍归户主所有；若户主愿意，还可原址建房。共出动 5378 人次，装载机 1250 台次，拆除废弃院落和乱搭乱建 2489 处、5.6 万平方米，清理垃圾 14.5 万立方米。共拆除废弃院落 1800 余处、房屋 6500 余间，腾退空地面积 55.2 万平方米，清理建筑垃圾 31.5 万立方米。二是腾退空地再利用。属于村集体的，根据实际需要，建小广场、小游园；属于个人的，按照群众喜好，建小果园、小菜园，树苗由乡镇免费提供，园子由群众自己经营。比如，贾庄乡薛家店村，在清理出的空地上已建成了杏园、枣园、玫瑰园，不仅美化了环境，也给农民带来了一定的经济效益。共建成小广场、小游园 156 个，小果园、小菜园 332 个，硬化道路、小广场 16.8 万平方米，栽植各类苗木 16.5 万株。三是历史遗存展风采，因地制宜创特色。对古院落进行合理整修，尽量保持原有风貌。如化庄村的农家小院、利民村的油坊、峙庄村的村史馆，重新整修后，乡风乡情更浓厚。对遗存古迹进行合理保护和开发，如对青钟村的昭君墓、前村的善阳桥、化庄村的烽火台、寇庄村的十二连城以及楼子坝村的镖局文化馆等历史遗迹进行保护和开发，不仅延续了历史文脉，也形成了乡村独具特色的旅游景点。

（三）突出资源整合，多方筹措资金强化经费保障

朔城区积极探索建立财政优先保障、金融重点支持、社会积极参与的多元投入机制，“整合”“撬动”“开源”多措并举，在加大政府投入的同时，整合农业、水利、环保、林业、住建等部门的政策资金，并发动乡贤能人出资出力，引导社会资本、金融资本积

极参与，多渠道筹集资金、打捆使用，集中力量办大事。

（四）突出宣传动员，调动群众参与整治的积极性

朔城区采用召开动员会的方式，推动区、乡、村三级统一思想，统一行动，多形式、多渠道开展拆违治乱宣传，总动员、全覆盖。结合疫情防控和爱国卫生季活动，依托微信公众号、网络、电视、大喇叭等媒介，广泛宣传普及防疫知识和农村人居环境整治标准，引导农户自觉养成良好卫生习惯。整治过程中，组织村干部、村民代表到已建成的美丽示范村实地观摩，耳闻目睹整治村群众得到的实惠，真切感受整治村新风貌，触动思想观念大提升，变“阻挠拆”为“帮我拆”，变“旁观者”为“实施者”。着眼常治长效，在 13 个乡镇建设并启用 13 座垃圾中转站，并根据村子大小，在每个村组建了 3~5 人的保洁队伍，实行“村收集、乡转运、区处理”模式，做到生活垃圾“日产日清”。推进农村文化建设，完善村规民约，促进自我教育、自我服务、自我管理，新理念日渐内化于心、化风成俗。农村人居环境整治带来新变化，让群众奔小康的底气更足、信心更满、动力更强。

三、经验与启示

随着城乡一体化步伐的加快，农村“空心化”问题日益突出，农村庭院荒芜、危房、闲置旧房现象屡见不鲜。朔城区通过危房、闲置旧房的拆除工作，在消除安全隐患的同时，有效改善了村容村貌、村庄交通出行条件，通过大力推进拆后土地的多元化利用，盘活农村闲置资源再利用。朔州市朔城区在“怎么拆”“怎么建”“怎么管”方面，都提供了宝贵经验。

首先，在农村危房、闲置旧房的拆除中，强化政策宣传，从摸底调查到入户宣传，为群众讲清政策，在满足群众需求的基础上因地制宜、因村施策制定拆除方案，全力推进拆除工作，清理出的空

地仍归户主所有。充分发挥头雁引领作用，动员公职人员、党员干部、村民代表带头拆，发挥了良好的示范带动作用。积极探索创新拆除方式，该整村拆除的就整村拆除，能成片流转的就成片流转，形成农村危房拆除新模式。

其次，在拆后的盘活利用工作中，对拆后土地进行分类梳理，对拆除后腾退出来的土地统筹规划布局，分类盘活利用，因地制宜、因村施策盘活利用土地，做好安心拆除“后半篇文章”。针对拆除工作中不同村组房屋风貌、地质特点、人员流动等情况，坚持宜耕则耕、宜建则建、宜商则商、宜林则林的原则，形成了多种土地盘活利用方式，真正做到拆除一片、盘活一片、美化一片。尊重原户主意愿，可原址重建；对古院落进行合理整修；对遗存古迹进行保护和开发。

再次，着眼常治长效，重视建好后的管理工作。盯紧村庄环境卫生长效保持，实行“村收集、乡转运、区处理”模式，做到生活垃圾“日产日清”。同时，充分调动群众积极性，维护好村头巷尾环境卫生，实现常态化保洁。充分发挥村民自治作用，将拆后土地管理、村庄卫生保洁等相关制度纳入村规民约范畴，促进自我教育、自我服务、自我管理，以基层治理能力提升促进乡风文明治理有效。

第四节　打造沁河流域污水治理示范区——晋城市阳城县

在农村人居环境改善中，阳城县委、县政府经过充分调研，提出了“按流域整体布局，厂站池因地制宜，镇村庄分步推进”的总体思路，并按照“以河布厂、由厂连村、站池兜底”进行了整体推进。

一、基本情况

阳城县位于山西省东南端，地处太岳山脉东支，中条山东北，太行山以西，沁河中游的西岸。全县土地总面积 1968 平方千米，总耕地 50.57 万亩，隶属晋城市，下辖 12 镇、3 乡，320 个行政村、16 个社区，常住人口 36 万人。阳城全县河流均属黄河水系。西起索泉岭，东至三盘山为南北分水岭。分水岭以北的沁河、芦苇河、获泽河源远流长，汇水面积大，河床宽；分水岭以南有 8 条小河穿行于深山沟壑间，属暴雨型山区河流，合计流域面积 380 平方千米。沁河是黄河的一级支流，位于县境东部，县内全长 72 千米，流域面积为 175 平方千米；芦苇河是沁河的一级支流，位于县境北部，流域是阳城县的人口和工业主要分布区，境内全长 50 千米，流域面积 366 平方千米；获泽河是沁河的一级支流，位于县境中部，穿主城区而过，县境内全长 57 千米，流域面积 845 平方千米。

近年来，阳城县合力布局，致力于打造沁河流域农村污水治理示范区、芦苇河流域农村绿色经济带、获泽河城郊接合部生态休闲区，全面铺开全县县域和农村生活污水治理，推动农村人居环境质量实现根本性改变。

二、主要举措及成效

阳城县按照“以河布厂、由厂连村、站池兜底、工程保障”的总体思路，建成大型生活污水处理厂 5 座、小型污水处理站 20 个，铺设污水管网 258 千米，231 个村 31.6 万人口的生活污水得到治理，占全县人口的 82%。对芦苇河、沁河、获泽河沿线乡镇的 44 个村 19724 座户厕实施水冲式户厕改造。

一是农村生活污水处理，阳城重点在设施上下功夫，“厂、站、池”因地制宜，做到厂要提标，站池互补，也就是“池”的存量与人口相一致，存量与消纳周期相一致，“池”不外排，余量入“站”；

图 3-4 阳城沁河流域治理

在管理上下功夫，“厂、站、池”严格管理，建立健全运行制度，并对处理设施的出水水质进行监测，确保处理达标排放。

跨乡镇布网，打造沁河流域农村污水治理示范区。近年来阳城县合力布局，在沁河流域阳城段，致力于打造沁河流域农村污水治理示范区。跨北留镇、润城镇共规划布局了两个农村生活污水处理厂，分别是北留污水处理厂、润城污水处理厂。北留镇污水处理厂对 12 个行政村 2.5 万多人的生活污水进行收集处理。润城污水处理厂对 20 个行政村近 3.5 万人的生活污水进行收集处理。除建设集中式污水处理厂外，在不能进入污水厂的村庄推行小型污水处理站和化粪池的处理方式，实行站池兜底。

沿流域规划，打造芦苇河流域农村绿色经济带。阳城县在芦苇河流域重点规划，集中力量打造芦苇河流域农村绿色经济带。在芦苇河流域阳城段，安排布局了町店污水处理厂，主要收集处理 25 个行政村、4 个企业近 3 万人的生活污水。除建设集中式污水处理厂外，在不能进入污水厂的村庄同样推行小型污水处理站和化粪池的处理方式，实行站池兜底。

高水平治理，打造获泽河城郊接合部生态休闲区。获泽河是沁河的一级支流，阳城县定位于打造获泽河城郊接合部生态休闲区，对获泽流域生态进行重点治理和修复，主要包括获泽河生态修复治理工程、县域雨污分流工程及黑臭水体治理工程 3 个部分。在获泽河阳城段共布局两个污水处理厂：阳城县污水处理厂、阳城第二污水处理厂。阳城县污水处理厂收集处理共 31 个行政村及城镇人口 15 万人的生活污水。阳城第二污水处理厂主要收集和处理凤城镇、白桑乡、演礼乡部分村庄和工业园区的生活污水。

二是坚持农村生活污水治理与“厕所革命”统筹实施，污水处理设施和主管网，由县级统筹、乡镇实施，村内支管网由各村实施，统一使用厕改补助资金；农户厕具和院内管网原则上由群众根据意愿自主投入。通过以上措施，基本实现了厕所、管网、污水处理的有效衔接。

三是生态环境持续改善。2020 年，二级以上优良天数达到 306 天；综合污染指数 4.09，降幅 16.2%。致力清水复流，县域三大河流（沁河、获泽河、芦苇河）生态全部得到修复治理，水质均达地表水Ⅲ类标准。按照“公园城市，精致山城”的定位，投资 15 亿元，环县城建成了 667 万平方米的六大森林公园和 80 千米的生态绿道，县城绿化率达到 43.7%；投资 2.6 亿元，对环县城获泽河进行了生态治理和滨河绿道建设，总面积 15.6 万平方米。以“践行两山理论示范区”为引领，分类推进村庄规划，持续实施垃圾不落地工程、田园清洁工程、农村气化工程，大力推进“厕所革命”、拆违治乱专项行动，建成国家级环境优美乡镇 1 个，山西省环境优美乡镇 8 个、山西省生态文明村 13 个，县级生态园林村 250 个，农村人居环境改善工作走在全省前列。

三、经验与启示

阳城县着力提高农村生活污水治理覆盖率，系统构建常态长效管理机制，改善农村人居环境，推进乡村振兴，切实提升广大人民群众的幸福感和获得感。

一是加强城乡统筹治理，实行县域农村生活污水治理统一规划、建设、运行和管理，分年度、分类制定农村生活污水治理实施方案并确保实施。以“农村生活污水治理 +‘厕所革命’+ 乡村振兴”的方式，不断完善机制，补齐农村生活污水治理短板，解决农村地区突出水环境问题，提升农村人居环境质量，为努力实现乡村振兴目标、全面建成小康社会奠定基础。

二是试点示范，全域带动。以减量化、无害化、资源化为原则，加强农村生活污水无害化处理和农村厕所改造衔接，推进污水资源化利用，具备条件地区实行管网归集和终端无害化处理。对人口规模较小的平原村庄和粪污不易集中处理的山区、丘陵边远村，采取户用化粪池、沼气池等进行分散治理，大力提升农村生活污水无害化处理能力。注重以推广应用治污新技术、新材料、新装备、新样式为路径，结合区域实际，按照因地制宜、分类指导、示范引领、注重实效的原则，有计划地逐步推进。

第五节　实施生态靓市战略，打造绿色美丽新环境——运城市河津市

随着社会经济发展与环境保护矛盾的日益突出，河津奋力“生

态立市”偿还“生态欠账”。如今的河津人居环境显著改善，城市色彩更加鲜明，城市魅力更加彰显，人民群众的幸福感、获得感不断提升，天蓝、地绿、水清已成为河津高质量发展的鲜明底色。

一、基本情况

河津素有“古耿龙门”之称，地处汾河和黄河汇流的三角地带，自古便是黄河要津、秦晋古渡。河津是黄河冲出晋陕峡谷所经的第一个城市，也是黄河流经运城的第一个城市。黄河在河津境内蜿蜒行进 29.5 千米，为古耿大地带来了数不尽的资源与机遇。河津资源丰富，传统产业发展雄厚，多年来形成了煤电铝材、煤焦钢化两大主导产业链条。传统产业占比大，新兴产业比重低，社会经济发展与环境保护的矛盾较为突出，河津的空气、水、土壤受到一定程度的污染。伴随着“绿水青山就是金山银山”理念的深入人心，河津市认识到转型发展、绿色发展是战略需要也是必然选择。河津聚焦

图 3-5　河津市 209 国道廊道绿化

转型发展、绿色发展，狠抓高质量发展，统筹做好生态环境、文旅融合、乡村振兴等工作，全力创建黄河流域生态保护和高质量发展运城示范区河津先行区，生态河津基本形成。

二、主要举措及成效

河津市加快绿色低碳循环的产业转型，扎实开展造林绿化工作，深入打好污染防治攻坚战，持续提高生态环境质量，久久为功，逐“绿”而行，城市绿量、园林景观效果、养护管理水平提质增效。

（一）构建绿色生产体系

河津市以碳中和目标为导向，切实转变发展理念，倒逼传统产业转型，加快形成绿色低碳循环的产业体系，走上深度脱碳发展新路径。

近年来，河津市抓住钢铁、焦化行业转型窗口期，按照国家产业政策要求，全力推进延链、补链、强链，扎实推动产业转型升级。企业在进行绿色低碳转型，政府则在引导和服务转型。河津市围绕产业链部署创新链、配置要素链、完善政策链，推动产业链、创新链、供应链、要素链、政策链“五链”深度耦合。出资设立产业发展引导基金，强力推进煤炭焦化产业淘汰、整合、升级、入园；成立创新产业生态研究院、企业家科技创新发展俱乐部等，拿出科技创意券支持企业转型升级；邀请联想、华为等为企业把脉会诊、赋能强身，推行“候鸟式”聘任、“双休日”专家、互联网咨询等灵活用才方式，打造科研为主、数量充沛、高端引领、梯次合理的人才队伍。

绿色化、智能化、高端化的深度推进，为当地传统产业注入新动能，传统产业风生水起，呈现与自然和谐发展的良好势头。

（二）培育绿色生态环境，打造绿色生活空间[①]

河津市全面深化生态惠民行动实践，建设吕梁山、汾河生态屏障，形成了一批可示范、可推广的典型。为全力保障汾河水清清，河津市构建了以汾河沿岸为中心的面源污染控制体系、点线结合溯源治污体系、全覆盖节点监控网络体系、立体化应急预警防控体系，从而创新形成“四位一体”综合保护治理体系。

一是逐“绿”而行亮底色。以创建“国家森林城市”为契机，投资 3.5 亿元，铺开局县合作造林、村庄绿化、百里生态廊道绿化提升等 20 项绿化工程，投资 4 亿元对辖区内历史遗留矿山和关停矿山全部进行生态修复，完成国土绿化 2.4 万亩、村庄绿化 38 个，全市绿化覆盖率达到 40%。在此基础上，河津持续推进国道、县道综合整治，拆违治乱 5 万平方米，压减平交道口 565 个，硬化改造道路 44 处，建设排水渠 26 千米，建成综合服务区 8 个，升级改造 25 家沿线企业冲洗装置，整体提升 4 个高速出口形象，从根本上改善道路环境，有效提升道路林带的生态屏障功能，改变对外形象。

加减乘除，巧做绿水青山文章。在扩大增量上做“加法”，实施国家、省、市造林工程两万余亩，科学拓展造林绿化空间；在优化存量上做“减法”，通过实施封山育林、中幼林抚育、植被恢复等，不断优化现有森林资源质量；在提高质量上做“乘法”，通过实施绿化提升工程，有效提升村庄、通道、荒山绿化效果；在防范风险上做“除法”，制定预案，监测排查，消除有害生物、森林火灾等风险。

二是管护并举显成效。河津市加大对绿化林带的养护管护力度，

---

① 王柯颖:《逐“绿”衍得大美来——河津市持续改善生态环境质量工作纪实》，运城文明网，2023年1月14日。

及时制止破坏森林资源的违法行为，有效维护生态平衡，保护辖内森林资源，取得明显成效。

“空天地人”筑牢生态保护屏障。以“林长制”促“林长治”，投资548万元建立“空天地人”四位一体化资源监测体系。建立以卫星热点监测为“空”，以高空热成像视频监测为“天”，以地面卡口监控监测为“地”，以护林员监测为“人”的“空天地人”四位一体化森林防火平台，多维度、大范围、全天候监控，实现“人防”向“技防”的转变，用科技保护森林资源。

落实“林长制”、保护发展林业资源是贯彻党的二十大精神的现实行动，也是推动生态优先、绿色发展的重要抓手。出台河津市“林长制”市级会议制度等五项制度，及时调整林长名单及责任区域，完善“天保”公益林管理，将21.68万亩“天保”公益林划分为森林管护区，聘用50名一线管护员，召开森林管护员培训会，明确管护责任。结合“卫片”执法，查处办结各类涉林案件10起，查处率100%。投资100万元增配防火专业队应急车辆8台，6个入山入林卡口采用“夫妻档”24小时值守。开展“携手护林防火、共享生态美景”主题防火宣传“六进”活动。加强各类苗木检疫，建立联合打击野生动植物非法贸易联席会议制度，开展“世界湿地日”“世界动植物日”“爱鸟周”宣传活动及“清风行动”，严厉打击湿地自然保护区内违规行为，筑牢保护区生态屏障。

三是铁腕治污守底线。河津市实施生态优先战略，着眼补齐污染防治短板，坚持精准治污、科学治污、铁腕治污，全力推进污染防治攻坚战，全市环境质量持续改善。从大气污染防治、水污染防治、土壤污染防治等方面多管齐下，持续发力巩固污染防治攻坚战成果。阳光焦化、龙门水泥等重点企业“超低”改造全部完工，8家砖瓦企业脱硫除尘设施完成改造，基本完成焦化、电力、水泥、钢铁等重点行业“超低”改造；莫底沟水流治理项目管网和污水处理站已全部完工，3处出水点全部通过明渠和管网收集输送至污水处理站进行处理，处理后的中水水质达到地表水Ⅴ类标准；实施农村生活污水治理二期工程，新建39座污水处理站，敷设主管网160千米，村级支管网接入率达到90%，在全省率先实现农村生活污水全收集处理。

（三）走绿色“富民”之路

要“清水”，也要“富民”。河津市依托“两河一山”资源优势，以加快建设黄河流域（运城段）生态保护和高质量发展河津先行区为契机，以创建“国家全域旅游示范区”为抓手，巧妙利用“生态+文旅休闲产业”的模式支撑“两山”转化，逐步形成大产业发展与“两山”转化融合模式，探索出传统资源型工业城市实现生态文旅高质量发展的“河津模式”。河津已形成了以柴家、杨村为代表的项目带动模式、闲置资源利用模式、“文化村落”发展模式以及以绿源农庄为代表的“特色休闲产业带”发展模式，以田荷园、莲花池为代表的“旅游+”发展模式，以苍头鱼庄黄河鱼宴为代表的“特色美食”发展模式。

三、经验与启示

习近平总书记指出，“乡村振兴要在产业生态化和生态产业化上下功夫”。[①] 产业生态化体现了绿色发展的理念，就是要对产业进行改造，使其向低碳、节能、高效、循环、可持续发展的方向转变，更加体现环境友好型的要求。生态产业化就是将生态优势转变为产业优势，使得绿水青山更好转变为金山银山。河津市在推进乡村振兴中努力实现生态保护、绿色发展和民生改善相统一。

① 习近平总书记在海南考察时的讲话，2022年4月11日。

一是蓝天、碧水、青山、净土，是最基本、最普惠的民生福祉。坚持保护和自然修复并重，加强生态环境综合整治，努力构筑安全生态屏障。坚持政府主导，引入市场参与机制，加快荒山、荒沟和废弃耕地的生态建设。坚持不懈抓好植树造林，让城乡用绿色装扮，让景区用绿色渲染，让园区用绿色环绕，让绿色随处涌动。

二是产业和生态的和谐发展。坚持经济生态化、生态产业化，使绿色发展贯穿经济发展全过程。产业生态化与生态产业化是践行“绿水青山就是金山银山”理念的重要内容，是经济高质量发展和生态环境高水平保护深度融合、协同推进的重要体现，统筹推进产业生态化与生态产业化有助于走出一条以生态优先、绿色发展为导向的高质量发展新路子。利用市场倒逼机制，坚决淘汰落后产能和落后工艺。加快高耗能行业节能技术改造，推广先进技术和节能产品，推进工业废物和生活垃圾资源化利用，逐步构建以绿色发展为核心的新兴产业，实现经济发展和生态保护的良性互动。

三是坚持城乡一体推进、预防治理结合。持之以恒地抓好大气、水、土壤综合治理，依法打击环境违法行为。完善城市绿地，推进农村环境连片整治，使城市更加清洁靓丽、农村更加干净优美。加强生态文化建设，教育引导广大市民形成健康文明的生活方式和行为习惯，营造共建共治共享社会治理新格局。

第四章 乡风文明

第一节 概述
第二节 以德孝文化展现乡风文明新面貌——盐湖区雷家坡村
第三节 乡村振兴文明示范廊带的重点示范——太谷区白燕村
第四节 孕育内外兼修文明之美——上党区永丰村
第五节 党建引领“四范融合”推进文明乡风——阳泉市郊区

农业、农村、农民问题一直都是我国高度重视的经济社会发展问题。2005年，党的十六届五中全会提出建设社会主义新农村，以“生产发展、生活宽裕、乡风文明、村容整洁、管理民主”为新农村建设的基本要求，这是“乡风文明”首次出现在正式文件中，引起了社会各界的广泛关注。乡村振兴战略目标，即“产业兴旺，生态宜居，乡风文明，治理有效，生活富裕”二十字方针。这是对农村地区经济社会发展的更高要求。全面建成小康社会目标的达成意味着农村地区的基本硬件设施得到了完善和提升，乡村振兴战略的深入推进需要更多提升农村地区“软件”条件的水平，这无疑将乡风文明建设推到了全面提升农村发展质量的战略地位。

第一节　概述

“乡风文明，就是要促进农村文化教育、医疗卫生等事业发展，推进移风易俗、文明进步，弘扬农耕文明和优良传统，使农民综合素质进一步提升、农村文明程度进一步提高。”[①] 乡风文明起步于“乡风”，落脚于“文明”，是“乡风”和“文明”的有机结合。乡风文明建设的本质要求是在农村营造科学、和谐的社会风气和良好的社会风尚。新时代乡风文明是既区别于传统乡村文明又区别于现代城市文明的新型文明，是农村物质文明和精神文明建设的更高目标，不仅为乡村全面振兴提供精神动力和智力支持，同时也是乡村文明的重要组成内容和衡量指标。文明的乡风不仅有利于良好家风和淳朴民风的形成，而且会影响村民的价值判断和行为选择，有利于有序、和谐的农村环境的构建，推进农村的发展与进步。

当前，中国特色社会主义进入新时代，“我国社会主要矛盾已经转化为人民日益增长的美好生活需要和不平衡不充分的发展之间的矛盾”。[②] 发展不平衡，指各领域各地区发展不够平衡，其中最重

---

① 《乡村振兴，决胜全面小康的重大部署——专访农业部部长韩长赋》。

② 《中共中央关于党的百年奋斗重大成就和历史经验的决议》，2021年11月11日中国共产党第十九届中央委员会第六次全体会议通过。

要的就是城乡发展之间的不平衡。发展不充分，指一些地方或领域的某些方面发展还有不足，而不断促进经济、文化、社会、生态等方面的均衡发展，其中最重要的就是农业农村发展的不充分。农村发展不平衡不充分一方面表现在农村地区与城市地区之间存在的差距，另一方面表现在农村地区自身内部发展的不平衡不充分，最为突出的是物质文明建设与精神文明建设之间多维度多层面发展的不平衡、不充分。习近平总书记曾指出："当高楼大厦在我国大地上遍地林立时，中华民族精神的大厦也应该巍然耸立。"① 乡村是乡风文明建设的重要载体，也是社会精神文明发展程度的重要体现，农村乡风文明建设的程度，直接关系到国家乃至整个社会的繁荣进步、和谐稳定。乡风文明，既要"塑形"，也要"铸魂"。乡风文明是乡村振兴之"魂"，是乡村振兴的精神动力。实施乡村振兴战略要物质文明、精神文明一起抓，要培育文明乡风、良好家风、淳朴民风。也因此，推动农业农村加快发展，加快缩小城乡发展差距、提升农业农村发展质量，成为改变发展不平衡不充分现状的重要内容。解决农村地区发展不平衡不充分的问题，满足人民日益增长的美好生活需要，推进乡风文明建设势在必行。

第二节　以德孝文化展现乡风文明新面貌——盐湖区雷家坡村

运城是华夏农耕文明的重要发源地之一，以农耕源头文化、黄河根祖文化、河东民俗文化和红色革命文化为代表的河东文化，

① 中共中央宣传部：《习近平总书记系列重要讲话读本（2016年版）》，学习出版社、人民出版社，2016年。

千百年来对中华文明进程产生了重要影响。其中，运城市盐湖区雷家坡村充分运用村规家训、牌匾楹联等丰富的乡风文明教化资源，使优秀的传统更加鲜活，农民群众的思想观念与道德取向焕发新活力，形成了“尚勤劳、重孝道、守规矩、讲卫生”的文明乡风，为乡村发展注入了新的活力。

一、基本情况

雷家坡村位于运城市盐湖区龙居镇东南，南瞰八十里盐池，交通便利，地理位置优越。全村有 6 个村民小组，1500 余人，耕地面积 2286 亩。《史记》中记载：“天下明德皆自虞舜始。”运城市是舜帝德孝文化的重要发源地，雷家坡村则是闻名全国的“德孝村”。近年来，雷家坡村依据运城市“坚持用正确的价值导向塑形铸魂，用优秀的传统文化凝神聚气，用扎实的实践活动成风化人”的“三句话”工作思路，积极发挥乡风文明建设“最后一公里”的主观能动性，不断推动中华优秀传统文化的创造性转化和创新性发展，并将其同党的建设和实施乡村振兴战略结合起来，同新时代文明实践和培育践行社会主义核心价值观结合起来，坚持抓党建引领、以德孝立村，大力实施“环境卫生整治、繁荣农村文化、陈规陋习整治、核心价值观融入、文明家风建设、群众自治提升”六大行动，教育引导农民群众爱党爱国、向上向善、敬老爱亲，形成了尚勤劳、重孝道、守规矩、讲卫生的文明乡风，走出了一条社会主义核心价值观与农村治理相结合的区域性落地之路，成为山西以优秀传统文化推进乡村治理体系与治理能力现代化的生动案例，用心用情谱写出了乡村振兴新篇章。2015 年雷家坡村被中央文明委评为“文明村镇”。2016 年村党支部被中共中央授予“全国基层先进党组织”荣誉称号。2020 年农业农村部发布首批 21 个全国村级“乡风文明建设”优秀典型案例，以“德孝”立村的雷家坡村成为全省唯一入选村庄。2021 年，司法部、民政部命名雷家坡村为第八批“全国民主法治示范村（社区）”。

二、主要举措与成效

盐湖区雷家坡村从自身经济基础条件较好、德孝文化底蕴深厚、乡贤能人数量较多的实际出发，依托党组织建设以上率下、德孝文化宣传拓面提质，持续推动乡风文明先行示范取得新进展新成效。

（一）强化党组织建设，党的执政根基更加牢固

近年来，雷家坡村党支部始终坚持把党对乡风文明建设的领导放在突出位置，守初心、担使命，巩固党在农村的执政地位。一是立足农村实际，以基层组织政治建设为统领，严格落实各项组织生活制度，推进组织生活方式创新。雷家坡村党支部扎实开展“三会一课”和民主评议党员，改变传统读书读报的组织生活方式，将“四议两公开”、三级议事例会内容与“三会一课”内容深度融合，充分彰显了“三会一课”的生机活力。二是固定开展主题党日活动。雷家坡村党支部每月 11 日固定开展“6 + X”主题党日活动，每月开展“七送三请”（“七送”，即送政策、送祝福、送蛋糕、送热饭、送文具、送衣物、送文化；“三请”，即把户外工作者、老年人、学生请进党群服务中心）活动。每年重阳节全体村干部都会去看望村里 70 岁以上的老年人。党的活动逐渐成为党员干部内化于心、外化于行的自觉习惯。三是建立“党员承诺—群众点评”工作制度。雷家坡村党支部坚持“要求群众做到的，党员先做到；要求党员做到的，支部书记先做到”。党支部书记以上率下，立下“军令状”，并将承诺立状内容逐条逐项作出公示，接受党员群众监督点评。同时建立党员联户、承诺践诺、设岗定责等机制，持续开展“我为群众办实事”活动，2021 年，共解决群众急难愁盼的民生实事 27 件。雷家坡村通过党员干部带头学习教育、带头遵规守纪、带头解决问题、

带头发展经济，着力打造了一支懂发展、重民生、得民心的干部队伍和能吃苦、能战斗、能奉献的党员队伍，全面提升了基层组织的凝聚力和战斗力。

（二）弘扬德孝文化，治理体系更完善

文化是乡风文明建设的重要动力和源泉。德孝文化建设，是雷家坡村的立村之本、治村之魂，也是雷家坡村结合当地传统文化建设乡风文明的最富有特色的成果。近年来，雷家坡村党支部以弘扬德孝文化为引领，创新口袋书、墙体画、大喇叭、小广播等载体平台，开展习近平新时代中国特色社会主义思想进农村活动，启迪村民崇德扬善，传播正能量，推进党组织引领下的乡村自治、德治、法治深度融合。

图 4-1　2023 年 7 月雷家坡村志愿者到村看望空巢老人

一是加强德孝文化宣传平台建设。雷家坡村不仅将德孝文化宣传平台建设作为一项政治任务，同时也作为一项民心工程来抓。多年来，雷家坡村坚持以老年日间照料中心、德孝大讲堂、农家书屋、基层文艺演出队伍、基层志愿者服务队伍、德孝文化墙“六位一体”的德孝文化建设为抓手，深入开展评选“孝顺媳妇”“道德模范”“文明家庭”“文明村民”“最美家庭”等一系列德孝文化实践活动。雷家坡村通过修建德孝花园、仿古门楼、文化长廊，拓宽村中道路，铺上沥青路面，将三条主街道分别打造成村民自治建设一条街、法治建设一条街和德治建设一条街，安装 95 个小广播，配备 27 平方米大屏幕，组建老年健身队、妇女舞蹈队，每天傍晚在广场载歌载舞，逢年过节礼堂内争相献艺，极大地丰富了群众精神文化生活，村里充满文明和谐的浓郁气氛。村委会院墙设置一块“全国文明村”宣传版面和三块德孝文化宣传版面，分别为表现为长辈洗脚的《一盆温水融入了四代人的传承》、表现父子相拥的《一个拥抱贴近了两代人的心》和表现儿女喊“爸妈”的《一声“爸妈”喊出了两代人的情》。这些宣传，充满了温暖的正能量，将德孝文化引入现实生活和百姓生活，接地气，得民心。

二是从完善德孝文化约束入手，党组织领导下的自治、德治、法治乡村治理体系不断健全。雷家坡村以德孝文化建设为切入点，结合本村实际，建立起“一约七会”乡村新机制新组织，即制定和实施村规民约，成立村民议事会、红白理事会、老年协会、新乡贤理事会、道德评议会、禁赌禁毒协会、民调理事会 7 个村民自治组织，同时完善了相应的章程和制度。例如雷家坡村内容详细、规范严明的村规民约，不求语言华丽高大上，但求言简意赅实用性。雷家坡村以村规民约为切入点，从规范农村红白事办理入手，提出“婚事新办、丧事简办，其余事宜不提倡办”等具体要求，同时号召各村建设红白事集中办理场所，集中组织举办德孝婚礼、德孝寿礼、德孝成人礼等移风易俗“德孝礼”活动，使农民群众内心有了尺度、行为有了准则，让基层有了支撑。特别是在新冠疫情防控期间，村红白理事会第一时间上门劝导移风易俗，做到喜事、丧事延办简办，有效制止了大规模人员聚集聚餐现象的发生。雷家坡村还广泛开展悬挂家风家训标语活动，持续推动全村文明家风建设。雷家坡村每年在全村范围征集家风家训，并制作宣传标语悬挂在家中醒目位置，强调传承以保持德行不坠。家风家训或是各家各户村民自己总结出来的，或是家族流传下来的，内容涵盖德、孝、仁、义、善等方面，如“孝敬老人，严教子孙；传承美德，从我做起”“以德立身，用心做人”“德为先，勤为本，善作魂，和为贵”等，反映着一个家庭的精神面貌和人文风采。通过上述途径，可使代表中华民族优秀传统的优良家风、家训得到传承和发扬，实现全村家家有家训、户户传家风，让群众感到好民风就在身边，推动雷家坡村村风的持续好转。

图 4-2　九九重阳节，雷家坡支村两委给 60 岁以上老年人发放慰问金

三是广泛开展“十个一”新时代文明实践活动，将德孝文化做实做细，推动德孝文化浸润民心。雷家坡村从夫妻关系、婆

媳关系、邻里关系等入手，以弘扬优秀的传统文化为引领、以德孝文化为载体，结合新时代文明实践工作要求，开展“十个一”新时代文明实践活动，让新时代文明实践落地生根。一是老年日间照料中心“一顿饭”。雷家坡村老年日间照料中心有70岁以上孤寡老人30人，每天提供一日三餐、看护、休息、娱乐等服务。二是德孝大讲堂“一堂课”。每月开讲一次德孝大讲堂，目前已开讲60余场次，听众达4000余人次。三是评比五星级文明户“一颗星”，家家门前悬挂家规家训。四是孝顺媳妇评选“一朵花”。村里每年举办“夸媳妇”大会，对选出来的典型，在德政孝行榜为她们“树榜立传”。五是文艺演出队“一演出”。村里组建锣鼓队、女子军鼓队和4个文化活动小组，每年春节和九九重阳节举办2次大型演出。六是党员志愿服务“一队伍”。村里组织了敬老爱亲、一帮一、红白理事等多支志愿者服务队，为老人梳头、洗脚、打扫卫生、表演节目，到每个困难户家庭走访慰问，帮助料理家务，解决生产生活方面的困难。七是红白事集中办理“一场所”。八是重阳敬老“一活动”。九是村史村志“一传承”。十是村歌“一首歌”。这些活动让乡风文明建设深入人心，使德孝乡风成为雷家坡村干部群众共同的价值取向和实践标杆，为新时代文明实践工作构建了网络体系、提供了广阔舞台。

三、经验与启示

环境秩序、民风民俗、生活方式都是判定乡风文明程度的重要指标，也是社会文明程度的衡量标准。整体来看，盐湖区雷家坡村以德孝文化大力弘扬新型乡风、民风、家风，对促进乡风文明建设先行示范有以下几方面启示：

一是随着我国经济的快速发展和综合国力的显著提高，社会文明程度和道德水平发展也相应被提出了新的要求，乡风文明建设亟须适应这一要求。党的二十大报告指出，要“提高全社会文明程度”“统筹推动文明培育、文明实践、文明创建，推进城乡精神文明建设融合发展”。[1]当前，乡村振兴战略实施开创了新局面，取得了农业、农村改革、发展、稳定的历史性成就，但依然有许多困难和不足，我国的社会文明水平尚需提高。德孝文化反映了农村人际关系的更高追求，是社会文明的重要组成部分，对农村良好风气的养成、基层秩序的安定祥和起着重要的作用。依托弘扬德孝文化孕育新时代乡风文明体现了我国历史悠久的传统文化和道德风尚在农村的长时期积淀，能够潜移默化地影响村民的思维方式和行为方式，并且渗透在村民生产、生活的方方面面。而这种文明的乡风一经形成，必然会对人们的思维方式和行为方式产生渗透和深远、持久、稳定的熏陶，也对社会文明程度的提高发挥着重要作用。

二是乡村转型更需要德孝文化的促进。虽然从经济社会发展程度来看，乡村同城市和城镇相比仍在很多方面有较大差距，但在乡村振兴的语境下，农村不应该成为“落后”的代名词。当前，包括乡村在内的城乡经济社会发展都处于“社会转型期”，在生活方式和生产方式发生变化的同时，价值观念和价值体系也发生急剧变化。在加快推动乡村振兴、促进城乡融合发展过程中，乡村形态由旧到新、由传统到现代、由封闭到开放，农村原来的价值体系受到冲击，新的价值体系尚处于构建过程中。在此过程中，原有的文化平衡被打破，传统与现代持续碰撞，这就对在农村加强乡风文明

---

① 习近平:《高举中国特色社会主义伟大旗帜　为全面建设社会主义现代化国家而团结奋斗——在中国共产党第二十次全国代表大会上的报告》，2022年10月16日。

建设、推动社会主义核心价值观的发展提出了迫切需要。而德孝文化，以其同传统文化密切联系、同传统行为规范内在相容的特征受到历代推崇，成为乡村传统文化的重要组成部分，能够为乡风文明建设推动乡村社会和谐有序提供文化资源，更有利于在乡风文明建设中内化于心、外化于行，潜移默化影响人们的思维和行为，化解农村基层所出现的矛盾，促进农村社会的和谐团结。

第三节 乡村振兴文明示范廊带的重点示范——太谷区白燕村

文化是一个地域内最深层次、最难被替代和模仿、最持久，也是最核心的竞争优势。白燕村位于太谷区东北部，拥有丰富的历史人文资源，是一个兼具生态产业特色和历史文化特色的传统古村落。随着乡风文明建设的深入推进，全村家庭更和睦、邻里更和谐、民风更淳朴，文明新风吹遍了全村。

一、基本情况

历史上，白燕村的原址为殷商后期箕国都城箕城所在地，是殷商贵族箕子的分封地。1956 年，在白燕村西北的河滨阶地上，发现了总面积约 35 万平方米的新石器时代遗址，距今约有五千年到七千年历史，该遗址因村得名为白燕遗址。同时白燕村还有保存至今的 48 处明清时期建筑的民居院落。白燕村也因此具有深厚的文化资源，被称为“晋中史前第一村”。近年来，白燕村以“凝聚群众，引导群众，以文化人，成风化俗”为根本任务，围绕“党建引领有力度、文明实践有温度”行动宗旨，把乡风文明建设工作紧紧抓在手上，深入贯彻落实农村基层阵地，在保留乡土气息、保存乡村风貌的前提下深入开展“以德育人、以文化养人”的和谐乡风文明建设，推动乡村文化振兴，不断提高乡村社会文明程度，一幅村容整洁、乡风文明、生活幸福的绚丽画卷正徐徐展开。2016 年白燕村被列入全国第四批传统古村落名录，2018 年被命名为“太谷区首批乡村振兴示范村”，2019 年被命名为“醉美晋中”乡村振兴示范村，2020 年被评为“第六届全国文明村镇”，成为乡风文明建设“引领全区、打造样板”的精彩实践。

二、主要举措与成效

太谷区白燕村依托自身历史人文资源丰富、地处乡村振兴示范廊带重要节点的优势，厚积薄发、乘势而起，以新时代文明实践站为核心，物质文明和精神文明两手齐抓，乡风文明先行示范呈现新气象。

（一）通过新时代文明实践站建设，以点带面打通宣传群众、教育群众、服务群众的“最后一公里”

乡风文明建设水平是体现基层德治水平的重要内容，是反映一个区域精神风貌的综合表现。近年来，白燕村以宣传普及党的路线、方针、政策，培育践行社会主义核心价值观为目标，按照太谷区《新时代文明实践中心建设提档升级方案》要求不断加强新时代文明实践站建设，按照有场所、有队伍、有活动、有项目、有机制“五有”要求，通过“打造一个阵地、建设三支队伍、做好五个平台”，深挖白燕村的本土文化，探索农村新时代文明实践工作路径，引导村民开展积极向上的业余文化活动，着力提高村民的文化认同感和归属感。

——打造一个阵地。白燕村按照“资源共享共用”原则，依托新时代文明实践站建设村级乡风文明中心，实行“一个场所，两块牌子、多种功能”。白燕村新建成的文化广场，融白燕遗址文化、苗木花卉文化等本土文化于一体，是一个包括新时代文明实践站、学雷锋志愿服务点、图书馆等多种功能的休闲娱乐场所，实现了新时代精神文明实践站与村级文化中心的全面融合。白燕村组织开展“晒家规家训·讲家风故事”“我们的节日”“我和我的祖国”等活动，鼓励自编节目，以群众喜闻乐见的、接地气的形式，让传统文化走进日常生活。白燕村家规家训展板嵌有“堂前教子，严于律己”“心中有爱，行中有善”“淳风悠远崇文尚德家风”等内容，旨在告诫白燕村后人修身养性、完善品德。同时白燕村还依托殷商贵族箕子分封地这一文化资源，打造“最美太谷人”文化墙，广泛宣传好人文化，发挥道德模范的示范带头作用。通过打造地域文化品牌，极大提升了村庄的知名度和软实力。以白燕村发展为素材的太谷秧歌剧《花开百雁村》成功展演，成为依托“非遗”传统剧目对当代生活进行艺术阐释的成功案例。

——建设党员队伍，党建引领文明新风吹遍村内的每个角落。在党员干部队伍建设方面，白燕村狠抓乡村振兴示范廊带“党建领航”，聚焦“值好班、履好职”功能，在宣传群众、教育群众、关心群众、服务群众上狠下功夫，让基层干部树新风、带民风，在促进乡风文明中发挥模范表率作用。一是依托组织体系创新优化行动，积极探索“支部+农业企业”“支部+专业合作社”“支部+产业园区”等模式，积极建立产业链党组织、党小组，将党的组织建设深度嵌入产业链条，充分发挥党组织的核心堡垒作用；二是依托实施党员队伍“先锋示范”行动，积极开展党员联系农户、党员户挂牌等活动，帮思想教育、帮发展产业、帮技术服务，全面提升基层党组织和党员服务群众的能力；三是实施为民服务“有呼必应”行动，打造党群服务中心，实行“一站式”坐班值班代办服务，村“两委”成员轮班值班，专职村委每日坐班，承办代办包括水电常规事务、耕地补贴、低保审核、疫情时期出行、党组织关系转接、问题诉求反映等所有村级事务。支部班子聚焦“管好人、评好绩”功能，打造党员教育中心，班子成员结合自身创业、工作实际轮流为党员讲党课，理论传授“接地气”，提高了党员学习积极性，丰富了党员组织生活。

——抓好文明宣传平台建设。白燕村按照常态化、精准化、便利化、品牌化的原则，以新时代文明实践站建设为抓手，深入推进乡风文明宣传现有阵地和平台资源的整合。一是建好理论政策平台，通过支部书记讲党课、道德大讲堂、文化大讲堂等活动，使新时代文明实践站成为理论宣传主阵地。二是建好文化教育平台，充分利用白燕遗址馆、图书馆、文化广场等场所，为群众提供丰富的公共文化产品；通过“乡贤”“村贤”讲历史，让村民更加了解村史、热爱家乡。三是建好科技科普平台，通过科技能人讲知识、向龙头企业学技术等活动，用科技的力量帮助农民增收致富。四是建好体育健身平台，通过在文化广场开展健身活动，倡导健康文明、向上向善的生活方式。五是建好网络学习平台，通过微信学习群、“学习强国”APP，优化学习资源、降低村民学习成本，培养村民掌上学习的好习惯。

（二）加强幸福文明乡村建设，打造乡风文明新白燕

白燕村依托是殷商贵族箕子分封地这一文化资源，在村内建设了箕子文化园，弘扬箕子文化，打造地域文化品牌，提升了村庄的知名度和软实力，特色本土文化和乡土情怀尽显魅力。

一是加强规划建设，亮化美化村庄。丰富的历史遗迹是白燕村的宝贵财富，也是百姓迎来幸福新生活的火种。白燕村“两委”依托传统古村落项目，高标准打造村级组织活动场所，高规格建设文体设施，亮出文明白燕新名片。村民活动中心藏书2000余册，文化广场、棋牌桌、乒乓球桌、灯光篮球场等设施设备齐全，文体活动频繁开展。实现了乡风文明阵地建设大优化、村容村貌大改观，村

图 4-3 太谷区白燕村圣贤文化园

民幸福感和满意度大幅提升。同时，整合文化资源，新建遗址博物馆、箕子文化博物馆，同时利用千年枣树、宝峰寺等历史遗迹，打造了白燕遗址和箕子文化展厅、玄鸟文化园、新华书店农家书屋等文明实践服务平台和文化旅游体验地，并依托“书香飘万家、文明你我他”乡风文明建设系列活动等形式，积极培育乡风文明氛围，挖掘整理“龟龄集”“定坤丹”等名贵中药配方典故和张氏中医药文化，修复古院落，发展精品民宿和康养产业。全村多措并举，不仅解决了农村“富口袋”的问题，更解决了农民“富脑袋”的问题，在传承优秀文化的同时也担负起向外传播的使命，全村焕发出乡风文明新活力。

二是推进移风易俗，巩固文明乡风。白燕村以“一约四会”为基础，积极推动文明实践工作，深化乡风民风建设。特别是通过抓好村规民约这个重点，与村民议事会、道德评议会、红白理事会、禁毒禁赌会一起，对村民形成良性约束。同时村内广泛开展“星级文明户”和“最美太谷人”评选。白燕村依据太谷区委制定的《“星级文明户”创评活动实施方案》和所属小白乡的“创评方案”，通过宣传栏、大喇叭以及召开会议等形式，进行了广泛宣传动员，从而倡导良好道德风尚，引导广大农民由“要我文明”向“我要文明”转变。

三、经验与启示

加强乡风文明建设，是农民群众对美好生活的迫切向往。乡风这一概念不仅在知识形态层面包括自然与人文社会知识，在制度形态层面包括习俗、礼制、规约、道德规范等行为规范，更重要的是在物质形态层面包括生产、生活的物质条件。整体来看，太谷区白燕村以新时代文明实践站和幸福文明乡村建设双轮驱动推动乡风文明建设，对促进乡风文明建设先行示范有以下几方面启示：

一是新时代文明实践站对乡风文明建设能够发挥核心平台作用。从白燕村乃至整个太谷区的新时代文明实践站的建设与发展来看，依托新时代文明实践站的乡风文明建设，必须通过对先进文化的激活、整合、下沉、共享，挖掘调动各类阵地资源、文化资源、人才资源、贯通联通，形成整体合力，将传统的群众文体活动发展为休闲娱乐、文化宣传、道德示范、志愿活动、历史纪念等多元形式融合一体的“软实力的硬基础”，进而充分发挥其传播科学理论的大众平台作用、加强基层思想政治工作的坚强阵地作用、培养时代新人和弘扬时代新风的精神田园作用和开展中国特色志愿服务的组织协调作用，才能充分发挥新时代文明实践站的区域文化中心集聚作用，并在此基础上实现乡村精神文明建设向乡风文明精细化管理转变。

二是历史悠久的文化资源能够充分突出地域文化特色，更在乡风文明建设中起到重要的集中展示和教育传承作用。相当多的乡村历史文化遗迹在乡村生活特别是乡村公共事务中具有重要地位，许多乡村重大活动、家族事务往往在这里进行，它们承载着乡村最为朴实的文化，具有厚重的历史文物价值和精神文化价值。也正因此，在乡风文明建设中，依托各类古寺、古树等历史遗迹和遗址博物馆、文化博物馆等场所，利用历史文化资源这一“名片”，在传承、对接、弘扬、发展上做文章，在宣扬家风家训、乡村主题旅游等领域完善并拓展它们的历史遗迹作用，能够赋予历史遗迹更多的体验、展示、参与、学习等功能，在传承中创新、在创新中发展，推动传统文明日益融入生产生活，为乡村振兴提供丰富的文化滋养，使其不仅成为传承历史文化的“活化石”，更成为促进产业发展、引领城乡融合的“领头雁”。

第四节　孕育内外兼修文明之美
——上党区永丰村

党的二十大报告提出，要“抓党建促乡村振兴”。[①] 思想建设是党的基础性建设，基层党组织要牢牢把握思想引领主动权，着力加强道德教育，让爱党、爱国、爱家乡深入人心，让听党话、跟党走在心中“生根发芽”，及时将党的声音传递到千家万户。这一对基层党建的要求，恰恰同乡村文明建设中党的领导作用的发挥具有内在的逻辑一致性。在推进乡风文明中，党的领导是乡风文明建设的关键。只有坚持支部号召、党员带头，把社会主义核心价值观要求融入日常生活，使之成为人们日用而不觉的道德规范和行为准则，

① 习近平:《高举中国特色社会主义伟大旗帜　为全面建设社会主义现代化国家而团结奋斗——在中国共产党第二十次全国代表大会上的报告》，2022年10月16日。

才能在扎实推进农村基层党建的同时，充分发挥党组织乡风文明建设战斗堡垒作用，为乡村文化振兴提供组织保障。

一、基本情况

永丰村位于长治市上党区最南端，北接长晋高速，南与高平市相邻。《永丰村志》记载，早在战国时期，永丰人的祖先就已来到这片土地上劳作生息。近年来，永丰村把乡风文明建设作为抓党建促基层治理的重要任务和“传播新思想、引领新风尚”的“金钥匙”。村内建起了老年公寓、文化广场、法治广场、综合治理中心、高标准党群服务中心、新时代文明实践站，乡风文明建设卓有成效，昔日困窘落后的山村变成了老百姓望得见山麓、看得见水域、记得住情韵的幸福家园，文明理念深入人心，文明新风正吹遍永丰村的每一个角落。2020 年永丰村入选第六届“全国文明村镇”。2021 年司法部、民政部命名永丰村为第八批“全国民主法治示范村（社区）”。

二、主要举措与成效

上党区永丰村依托自身基层党建基础扎实、组织完善、凝聚力较强的优势，创造性地拓展基层党建与乡风文明先行示范的多元化

图 4-4　上党区永丰村水上公园

联系、多样化引领、多群体带动，以“党建＋”模式有力推动了乡风文明先行示范在基层落实见效。

（一）以“党建＋”模式推动农村服务型党组织建设

永丰村将农村服务型党组织建设作为夯实党组织根基、顺利开展一切工作的前提。在永丰村，一名党员就是一面旗帜。永丰村在垃圾分类、环境卫生整治等乡风文明建设工作中设置党员先锋岗，通过党员联户，每名党员联系 3 至 5 户村民，建立起了全覆盖、常态化的党员联系群众机制。以红丰党员志愿服务队牵头，以强丰综治志愿服务队、清丰环境卫生志愿服务队等志愿服务队的党员为骨干核心，弘扬“奉献、友爱、互助、进步”的志愿服务精神，带领带动村民群众开展志愿服务，构建服务群众的“同心圆”，解决了农村（社区）基层宣传思想文化工作和精神文明建设中“谁来做、做什么、怎样做”等问题，让乡风文明建设深入人心，成为干部群众共同的价值取向和实践标杆。同时，永丰村充分发挥党员代表在联户中的中坚作用，在“三零”创建工作中，永丰村的党员、干部在第一时间带领积极分子、村民代表、优秀青年加入到“三零”创建工作的实践中，对影响全村社会稳定的群体性事件、纠纷苗头进行详细调查摸排，及时处置，抓早、抓小、抓苗头，将矛盾纠纷消灭在萌芽状态，从而发挥了中流砥柱的作用，实现了党员志愿服务活动乡村治理全领域遍地开花。

（二）以精神文明建设构筑村民精神家园

永丰村的文明之美，还在于努力建设让村民心灵有所寄托的精神家园，乡村文化“润物无声”，却惠及了全体村民。

一是夯实乡风文明建设“硬”“软”环境。近年来，永丰村新建了党群服务中心、新时代文明实践站、文化广场、法治广场以及综合治理中心、老年公寓，保障了乡风文明活动的场所条件。此外，早在

2007 年永丰村党支部、村委会就制定出村规民约，2018 年永丰村又对村规民约进行了修订，以村规民约的修订、执行、监督、内化为切入点，定规矩、改陋习、树新风，村规民约更加清晰易懂、朗朗上口，促进全村用村规民约“约”出了乡风文明新风尚。同时村里成立了以“红白理事会”为代表的“四会”，为乡村社会和谐稳定创造制度条件。永丰村还坚持 20 年为每家每户订阅《长治日报》《上党晚报》，每天读报已经成为永丰村民的习惯，村民们在报纸中了解国家大事，浸润文化的滋养、汲取文明的力量，长年坚持读报、用报让社会主义核心价值观的种子悄然在永丰村村民心中扎根、开花，为永丰人燃亮了一盏精神和心灵的明灯，激发更多向上、向善、向美的正能量。永丰村还在村民当中广泛开展星级文明户评选和净在农家、善在农家、和在农家、信在农家、勤在农家、孝在农家、俭在农家、学在农家的“八在农家”评选。“星级文明户”的创评标准涵盖了爱党爱国星、勤劳致富星、诚实守信星、团结友善星、孝老爱亲星、文明风尚星、遵规守法星、绿色环保星、卫生健康星、科教文体星等乡风文明建设方方面面。入党、参军、评先评模以及其他命名表彰对“星级文明户”给予优先待遇，并在小额贷款授信、兴办生产经营项目、农业产业化扶持等方面给予优惠政策。永丰村通过积极树立身边的先进典型，让广大农民群众真正成为活动的参与者、创造者，实现了“颜值”“气质”一块提、“面子”“里子”一起新，不断涵育文明乡风淳朴民风，不断提高乡村社会文明程度。全村崇德向善、见贤思齐的良好氛围日益高涨，村民的精神面貌更加饱满昂扬，更加朝气蓬勃。

二是精细部署策划，大力开展群众文化活动。永丰村以文化广场为活动场地，完善广场配套设施，满足村民日常文娱需求，引导群众形成“走向室外，全民运动”的新风尚。村民秧歌队伍每日傍

图 4-5　上党区永丰威风锣鼓队

晚准时出现在广场，队员身穿鲜艳的秧歌服，头戴花冠，手拿彩绸、彩扇，伴着秧歌曲，踩点欢歌，在打造乡风文明新阵地的同时，又满足了群众对新时代精神文化生活的多样化需求，不仅打通了宣传群众、教育群众、引领群众、服务群众的“最后一公里”，也展现了新时代永丰村村民健康、自信、向上的精神风貌，提升了村民群众的文化获得感；在永丰村的乡村记忆馆里，耙、耧等农耕器具和编苇席、剪纸、制作花灯等传统民间工艺被永久保存，展品呈现着农耕生活，传承着乡土味道，不仅再现了剪纸等长治非物质文化遗产，也浓缩着时代人文记忆；在村史馆中，《印象永丰》纪录片展现了永丰村建设幸福家园的奋斗史，党建文化、廉政文化、孝文化、生态文化等主题文化，把文明新风吹进永丰村的每个角落，不仅丰富了村民的精神文化生活，还让村民间的笑脸多了、矛盾少了、关系好了，和谐新村的基础在无形中得以夯实，更为推动群众文化繁荣发展和乡村精神文明建设提供了强大的精神动力。

三、经验与启示

乡村振兴战略中乡风文明的先行示范要求农村乡风文明必须打破长期城乡二元结构所形成的封闭落后状态，以更加积极的姿态，形成更加开放、更有活力、具备较为完善的自新机制和较强的自信能力的文化。这表明，乡村振兴的乡风文明是一种具有先进品格的文化，新时代乡风文明是乡村振兴的灵魂所在。这更要求发挥党的政治优势，把广大农民群众组织起来。整体来看，上党区永丰村以"党建＋"推动农村服务型党组织建设进而引领乡村精神文明建设，对促进乡风文明建设先行示范有以下几方面启示：

一是党员的先锋模范作用是推动社会主义核心价值观在基层扎根铸魂的核心动力。党员在乡风文明先行示范中，能够充分发挥"一个党员一面旗帜"的先锋示范作用，以建标立杆、示范带动的方式，以身作则、率先垂范传递向上向善、孝老爱亲、重义守信、勤俭持家的文明乡风、淳朴民风、优良家风，具有"关键少数"引领乡风民风的重要地位。

二是农村基层党组织要以党员队伍管理为主要阵地，夯实乡风文明先行示范的组织基础。党的力量来自组织。农村基层党组织，特别是各村委要充分发挥道德在规范人们行为、调节社会关系中的重要作用，不断凝聚各方力量，推动有效治理成为一种自觉。具体而言，应把乡风文明建设作为民主评议党员的重要内容，动员党员干部带头签订移风易俗承诺书，督促党员履行承诺，自觉做移风易俗的表率，用实际行动推动移风易俗工作落地，形成文明、绿色、节俭的新风尚；基层党组织要主办、领办村民议事会、老年协会、红白理事会、禁毒禁赌会等各类村民自治组织，以党员为骨干实现自我管理、自我约束、自我提高；可通过各党支部设立文明新风岗、村规民约岗、环境卫生综合整治岗，鼓励在家党员积极参与。在此基础上以党员活动日、重要节日活动为宣传阵地，全面宣传社会主义核心价值观，倡导文明新风，弘扬先进典型，以实际行动推动乡村文明建设。只有通过党员和基层党组织坚持教育引导、实践养成、制度保障三管齐下，采取符合农村特点的方式方法和载体，才能使乡风文明先行示范真正蕴含主流价值意蕴。

第五节　党建引领“四范融合”推进文明乡风
——阳泉市郊区

坚持和加强党对乡村治理的集中统一领导，是夯实乡村基层基础、维护农村和谐稳定的固本之策。近年来，阳泉市积极开展“党建引领，三治融合”村（社）治理新体系试点，着力推动把新发展理念全面融入乡村治理，让基层党组织更好地在乡风文明建设中发挥战斗堡垒作用，营造了见贤思齐、崇德向善的社会氛围，为实现乡村治理现代化提供阳泉经验、阳泉路径。

一、基本情况

阳泉市郊区位于山西省东部，太行山中段西麓，是一个典型的城郊型、工矿型、资源型农业县区。全区总面积 512.93 平方千米，耕地 14.69 万亩，常住人口 27.57 万人，辖 7 个乡镇、1 个开发区服务中心，157 个行政村。乡村振兴战略实施以来，阳泉郊区区委始终坚持探索推行以基层党建为引领，努力完善现代基层治理引领乡风文明建设的新路径，为走好转型升级、新型城镇化建设、基层社会治理创新三条路，率先建成城乡统筹示范区提供坚强的精神文化保障。

二、主要举措与成效

阳泉郊区通过强化党建“示范”引领、强化自治“规范”管理、强化法治“典范”保障和强化德治“模范”作用四大举措，一方面通过立规矩、亮承诺、划禁区，推动干部牢记使命勇担当，真抓实干谋发展；另一方面将各自为政的村级管理模式变为集中统筹的“社区化”服务机制，更好地发挥了村级党组织服务群众、促进社会和谐稳定的作用。

（一）强化党建“示范”引领，让农村战斗堡垒“强”起来

1. 优化组织设置，扩大组织覆盖

阳泉郊区发挥组织优势，采取“大带小、强带弱、富带穷”等形式组建了园区发展、社会管理、村企和谐、区域产业、村社联动 5 种类型 12 个联村党委。把强村的资金、项目、人才优势与弱村的土地、劳力、生态优势相结合，实现资源共享、抱团发展。桃林沟联村党委投资 1000 余万元为魏家峪、甘河等村铺设了集中供热管道，打通了通村公路，统一设计农业生产项目，打造桃林生态景区。李家庄村加强党员八小时外的管理，党员白天属于各单位党组织管理，晚上回村后属于所在的村民小区党组织管理，承担相关任务，实现了党组织行业领域全覆盖、居住区域全覆盖，实现了有形覆盖和有效覆盖。

2. 狠抓队伍建设，增强头雁本领

开展“补钙加油提质”工程，推进村主干专职化试点，聘任优秀农村（社区）干部担任“书记导师”，为新任村主干“学生”在思路上领、工作上帮、方法上带，增强农村干部的能力素质；组建由区级包乡镇领导、机关干部、老干部、党校教师等组成的 4 支流动党校宣讲小分队，提高农村干部的文化层次；开展“过政治生日、忆入党初心”活动，为全区农村党员发放“政治生日贺卡”，激活

农村党员的先锋意识；将30名“老支书”先进事迹、治村经验编印成《初心与梦想》一书发放到农村支部，传承红色基因；开展“农村干部学历提升”工程、基本能力专业培训、职业能力测试，让农村干部、后备干部接受教育培训，提升学历水平和干事本领，有效地解决了乡风文明建设“谁来领，怎么领”的问题。

3.创新服务品牌，强化辐射效应

一是创建党员民事代办制度。针对偏远山村群众办事难、难办事的实际，从关系群众切身利益的日常事务做起，形成了以区行政服务中心为轴心、8个乡镇民事代办服务中心为主体、157个村级民事代办服务点为基础的三级服务网络体系，各级党员干部共为群众代办民生实事8000余件，为群众节省各类资金300余万元。二是推进整顿软弱涣散村级组织、“村霸”问题集中整治、加强农村基层党风廉政建设、严肃基层党内政治生活、强化舆论宣传教育五大专项行动，处置农村问题线索56件，立案15件，处分25人，加强了基层组织，整顿了乡村秩序，创优了发展环境。三是坚持抓党建促脱贫，抓党建发展壮大集体经济，向贫困村、低收入村派驻优秀骨干组成业务指导组和驻村工作队，制定了《抓党建促扶贫十条措施》和《脱贫攻坚精准帮扶“三支队伍”管理细则》，落实“五天四夜”全脱产驻村服务，动员经济强村和大型企业结对贫困村开展“牵手行动”和“百企帮百村”活动。目前，全区77%的村集体经济收入达到5万元以上，其中30万元以上占到31%，100万元以上占13%。

（二）强化自治“规范”管理，让农村组织能力“实”起来

1.推行“六议两公开”，使决策更加民主

在“四议两公开”基础上增设“动议”和“民议”，村民知情权、参与权、表达权和监督权得到了更有效维护，做到了“让群众明白、

还干部清白”。荫营镇桥上村在实施“采煤沉陷区治理项目”村民安置小区建设选址工作中，村民代表和村“两委”有分歧，难以决断，该村统一印制了征求意见表入户征求意见，结果85%的村民同意重新选址，此事迎刃而解。

2. 构建规范体系，使管理更加科学

制定村级权力责任清单，逐项编制权力运行工作规范和流程，做到每项村务工作的事项名称、具体实施的责任主体、权力运行的操作规范、运行流程等“四个”明确，让“小微权力”在阳光下运行。李家庄乡汉河沟村制定了37条权力清单，构建了“三治三约”管理体系；河底镇固庄村制定了35条权力清单，形成了“三环联动”体系；旧街乡南沟村制定了33条权力清单，完善了“民事代办五星评价”制度，实现了把权力关进制度笼子。

3. 开展全员承诺，让行为更加规范

开展“两委”干部承诺、党员底线红线承诺、全体村民遵守村规民约承诺，形成了农村党员干部群众全员承诺监督体系。河底镇固庄村针对过去村里没规矩、干部不作为、群众不信任、干群不合卯等问题，由村干部带头向群众承诺“不开村里的工资、不开村里的车，如果三年下来经济没改观，就主动辞职”。在村干部带动下，全村32名党员、24名村民代表人人作出公开承诺，并公示在墙上，让百姓监督。同时，全体村民也对家教、家风、家训等作出家庭承诺，挂在门口，晒在阳光下。如违背承诺，即取消村民福利待遇，村干部和党员要受到双倍处罚。

（三）强化法治“典范”保障，让农村依法办事“严”起来

1. 从严落实，让规矩更有执行力

完善村规民约和村民自治章程，建设人人遵守的村级“小宪法”。固庄村在广泛征求村民意见基础上，制定了村规民约，对违反村规

民约的，在调查核实后，经村民代表会集体讨论决定，给予批评教育、写出悔过书、村广播通报、经济处罚等处理措施。在第一次村民大会上，有 18 户村民无故缺席。会后，村委会果断停发了这 18 户的白面福利，让村民切实感受到了制度的权威性。

2. 从严管理，让制度更有约束性

健全村财乡管、村账乡监工作机制，建立农村主干个人档案和向区委报告个人重大事项制度，切实把权力关进制度笼子。制定了《农村干部管理办法 20 条》《干部廉洁履职若干要求》《农村干部日常行为规范》等系统完善的制度体系，做到从严定责、从严督责、从严问责。近年来，共有 20 余名村干部因违反管理制度自动辞职或受到党纪政纪处分。

3. 从严监督，让纪律更有惩戒性

充分发挥村务监督委员会作用，在各村设立村级纪检委员，对村干部开展专项监督，在预防村干部腐败、违纪方面发挥积极作用，协助乡镇纪委处置问题线索。全面推行村主干“十项承诺”、村干部承诺践诺，要求村“两委”结合村情实际，以农村党建、村级发展、信访稳定、生态环保等为主要内容，制定任期目标、年度目标，向全村党员和村民进行公开承诺，如有违反自动辞职，并以此为辞职书，接受党员和村民监督。

（四）强化德治“模范”作用，让农村乡风文明“淳”起来

1. 推进精神文明创建

着力打造“城郊融合型”“农村先导型”“美丽乡村型”三种类型精神文明标杆村，引导成立农村道德评议会、红白理事会等群众性组织。截至目前，共成功创建国家级文明村 3 个，省级文明村镇 4 个（1 个乡镇、3 个村），市级文明村 26 个，区级文明村 57 个。阳泉市郊区以开展“星级文明户”和“文明家庭”等多种形式评选活

动为载体，不断提升乡风文明水平。固庄村推出十二星级文明户评选，与福利待遇挂钩，实现了人人爱村、人人管村，人人都是“清洁工”，全村没有卫生死角、没有家狗乱跑，有效解决了村里脏乱差、赌博迷信成风、邻里纠纷不断、子女不孝、非法上访等问题。

2. 发挥道德教化作用

成立农村主干家属“助廉协会”，建立家属档案，向广大干部家属发出助廉倡议书和廉政信息，切实提高村干部“免疫力”，家属真正“吹好枕边风，当好廉内助”。打造了咀子上红色纪念馆、晋东小延安辛庄、南沟狼峪抗战遗址等爱国主义教育基地，寓红色文化教育于旅游文化建设之中。发挥乡村道德大讲堂、农村小广播等的潜移默化和宣传媒介作用，把道德文化教育融入百姓日常生活。固庄村党组织创办了村办小报——《固庄周刊》，坚持每周刊发一期，并及时送达村民家中，让村民们及时了解“两委”动态、政策法规、

图 4-6　阳泉市郊区桃林沟村

村务运行情况等信息，并通过《固庄周刊》来宣传好的典型，营造移风易俗、人人向好、见贤思齐的浓厚氛围。

3. 注重模范典型引路

近几年，郊区桃林沟村被评为第九届“中国十佳小康村”，村党委书记李乃珠荣获“全国劳动模范”称号；枣园村等跨入“全国文明村”行列，村党支部书记马玉田一家被评为“全国五好文明家庭”和“全省最美家庭”；李家庄乡汉河沟村党支部书记被授予“全国农业战线劳动模范”称号。这些身边的榜样都在激励和带动着全区农村各项事业发展和进步。

三、经验与启示

阳泉市郊区在推进乡风文明建设过程中，聚焦问题、靶向发力，加强组织领导，完善机制建设，积极发挥党员的先锋带头作用和规章制度的规范托底作用，以科学而严格的刚性约束全力促进乡风文明建设工作落到实处，对促进乡风文明建设先行示范有以下几方面启示：

一是必须加强体系建设。从纵向看，构建区、乡、村三级各司其职、各负其责的模式，充分发挥区集体资产交易平台作用，严把重大工程项目招投标程序；充分发挥乡镇三资管理中心作用，强化村财乡管制度；各村根据村情依法依规明确工程招投标限额。从横向看，就是进一步厘清村支部、村委会、合作社三者之间关系，绘制村级组织运行架构图，明确各自工作权限。

二是必须严格执行制度。要抓住关键人。加强对村干部、党员、村民代表等关键人的培训教育管理，提升履职能力，发挥好主导引领作用。要抓好关键事。重点对工程招投标限额、土地流转、危房改造等老百姓最关心、最直接、最现实的利益问题，放权于民，优化流程，还干部清白，让百姓明白。要抓准关键点。推进移风易俗是为了村民，要依靠村民，成果由村民共享，效果由村民评判。要利用自治章程、村规民约等约束、规范村民行为，让村民参与村级事务决策和管理，真正实现大家的事情参与干、说了算。

三是必须强化权力监督。要加强部门联动。各职能部门要严格执行村务公开、财务公开、会计核算、任期审计等制度，确保村级权力在重点领域、关键环节规范运行。要构建多维度监督体系。充分发挥村纪检委员、监察联络员作用，注重发挥特长村民、乡贤能人等民间监督员的独特作用，严格落实村务监督委员会和村股份合作社监事会职责，降低监督成本，增强监督实效。要严格评议考核。实行村干部、党员和村民代表积分制和负向打分考核量化制度，通过定性和定量评议考核，促进其履职尽责。

第五章

治理有效

第一节 概述
第二节 提升“三力”促善治——小店区刘家堡乡
第三节 智慧党建创新乡村治理模式——上党区振兴村
第四节 “三治”融合兴乡村——尧都区枕头村
第五节 “十户联创”实现全民参与乡村治理——襄垣县西垴头村

全面推进乡村振兴，治理有效是基础。近年来，先行示范县以“三晋强基”工程为总抓手，实施基层党建“八大行动”，持续推进抓党建促乡村振兴，加快构建党组织领导下的自治、法治、德治相结合的乡村治理体系，加强农村精神文明和平安法治乡村建设，确保乡村社会充满活力、和谐有序，涌现出了一批好做法好经验。

第一节 概述

乡村治理是国家治理的基石，也是乡村振兴的基础。乡村治理不仅关系到农业农村改革发展，更关乎党在农村的执政基础，影响着社会大局稳定。在新时代全面实施乡村振兴战略的背景下，推进乡村治理现代化具有重要意义。在实践中，先行示范县坚持把乡村治理作为乡村振兴的有力抓手，把夯实农村“三基”作为固本之策，完善党委领导、政府负责、民主协商、社会协同、公众参与、法治保障、科技支撑的社会治理体系，坚持自治、法治、德治相结合，实现农村经济发展、社会稳定，走出一条符合县域实际、具有鲜明特色的乡村善治之路。

一、治理有效是先行示范县率先实现乡村全面振兴的必然要求

《中共中央、国务院关于全面推进乡村振兴加快农业农村现代化的意见》指出，乡村振兴，治理有效是基础。治理有效是推动乡村振兴的保障性要素，在诸因素之中起着举足轻重的作用。先行示范县承担着为全省乡村振兴探索路径、积累经验的重任，必须牢牢抓住“治理有效”这个关键，夯实基层治理根基，健全现代乡村治理体系，切实提升乡村治理效能。

（一）治理有效是全面推进乡村振兴的内在要求

治理有效是“五位一体”总布局中的社会建设对农村的具体要求，

起着举足轻重的作用。当前，我国“三农”工作重心已历史性转向全面推进乡村振兴。乡村治理是党在农村基层一切工作的出发点和落脚点，实现乡村有效治理是推动农村稳定发展的基本保障，也是乡村振兴战略的重要内容。有效的基层社会治理有利于促进产业、生态、文化、人才和组织等资源要素在乡村的有效整合，真正为产业兴旺、生态宜居、乡风文明和生活富裕提供秩序支持，乡村振兴才能有序推进，这既关乎农民的切身利益，更关乎农村社会的长治久安。因此，乡村要振兴，离不开有效的乡村治理。先行示范县要率先实现乡村振兴，必须夯实乡村治理这个根基。

（二）治理有效是实现农业农村现代化的必然要求

实施乡村振兴战略的总目标是农业农村现代化。农业农村现代化既包括“物”的现代化，也包括“人”的现代化，还包括乡村治理体系和治理能力的现代化。乡村治理是国家治理体系的重要组成部分，是治理体系中最基本的治理单元，也是当前社会治理的重点和难点，抓好基层治理意义重大。乡村治理关系到党在农村的执政基础，影响着社会稳定大局。良好的乡村治理有助于乡村社会防范风险、化解矛盾，能够巩固党在农村的执政基础，实现农村社会长期稳定，为其他一切工作提供良好的社会秩序。没有乡村治理的现代化，就无法实现农业农村的现代化。因此，先行示范县要从推进国家治理体系和治理能力现代化的高度优化农村治理体系、提升农村治理能力。

（三）治理有效是推进城乡融合发展的必然选择

城乡融合发展是新时代的一篇大文章。先行示范县承担着构建工农互促、城乡互补、协调发展、共同繁荣的新型工农城乡关系的重任，这就要求探索城乡融合的治理机制。一方面，要着力破除户籍、土地、资本、公共服务等方面的体制机制弊端，促进资源要素的顺畅流动。另一方面，要创新治理形式，让市民与农民、工商企业与政府部门、行业管理机构与村集体等各类主体充分交流对话、共同参与治理。既要尊重农民主体作用，充分听取其诉求，切实保护其权益，又要充分发挥企业家作用，引导工商资本有序进入城乡融合领域，使不同利益主体分享城乡融合发展成效。①

（四）治理有效是发挥农民主体能动性的必然要求

农民是乡村治理的主体、乡村振兴的依托力量。实施乡村振兴，既是为了满足广大农民日益增长的对美好生活的需要、促进农民富裕富足，同时也离不开广大农民的积极参与。乡村治理就是要鼓励和引导农民在基层党组织和政府带领下积极参与乡村建设行动。实践表明，有效的乡村治理能让农民发自内心地自我约束、自我教育、自我管理，自觉担当乡村公序良俗的维护者和倡导者，这能使广大农民逐渐意识到实现乡村振兴是自己的事情，从而更好地发挥主观能动性。因此，先行示范县要尊重并充分发挥农民的首创精神，在发展乡村产业、实施乡村建设行动、推动城乡融合发展等领域，全方位鼓励和引导农民参与乡村治理的政策制定、活动实施、进程监督和成果分享。

二、先行示范县加强基层治理的探索和实践

近年来，先行示范县认真贯彻落实党中央、国务院和省委、省政府的决策部署，在乡村治理的重要领域和关键环节积极创新、大胆实践，在面上构建形成了党建引领、“三治融合”的乡村治理体系，在点上打造了一批各具特色的示范品牌，我们总结提炼出以下几点基本经验：

（一）持续抓党建促乡村振兴

基层是社会治理的基础和重心。习近平总书记强调：“把加强

---

① 冯奎:《做好城乡融合大文章》，《经济日报》2022年6月6日。

基层党的建设，巩固党的执政基础作为贯穿社会治理和基层建设的一条红线。”[①]先行示范县深入贯彻落实习近平总书记重要指示精神，以抓党建促基层治理能力提升专项行动为牵引，加强党建引领，完善制度机制，积极探索基层治理新路径新举措，不断提升群众获得感、幸福感、安全感。一是聚焦组织建设，强化农村基层党组织政治功能，发挥领导核心地位，创新组织设置和活动方式，扩大组织覆盖和工作覆盖。二是聚焦队伍建设，推进“并村简干提薪招才建制”，引导高校毕业生、农民工、机关企事业单位优秀党员干部到村任职，选优配强村党组织书记，抓好村“两委”班子及后备干部建设。三是聚焦建强阵地，构建布局合理、覆盖市县乡村的党群服务中心体系。

（二）深化“三治融合”

加强农村基层基础工作，健全自治、法治、德治相结合的乡村治理体系，是我们党在新的历史方位对乡村治理提出的重要要求。先行示范县依托“三治融合”乡村治理体系，引导农民自觉担当乡村公序良俗的维护者和倡导者，推动乡村形成良好道德风尚，维护农民的合法权益，促进乡村社会防范风险、化解矛盾。[②]一是激发自治活力，加强农村社区治理创新，不断深化和拓展“四议两公开”制度，积极推进村务监督委员会建设，依托村民会议、村民代表会议、村民议事会、村民理事会、村民监事会等，形成民事民议、民事民办、民事民管的多层次基层协商格局，充分激发党员群众和社会组织参与乡村治理的活力，推动实现自我管理、自我监督、自我服务。二是强化法治保障，健全维护农民权益、规范市场运行、

① 习近平总书记在参加十二届全国人大三次会议上海代表团审议时的讲话，2015年3月5日。

② 陈朋：《以有效乡村治理助力乡村振兴》，《经济日报》2021年1月19日。

“三农”支持保护、化解农村社会矛盾等方面的地方法规，完善村级事务决策、公开、监督等方面的制度机制，坚持运用法治方式和法治手段解决农村改革发展稳定中遇到的问题；深入开展面向农民群众的法治宣传教育，引导形成自觉守法、全民懂法、遇事找法的乡村法治良序。三是夯实德治根基，充分发挥德治礼序、乡规民约在农村治理中的作用，坚持崇德重礼和遵纪守法相结合，引导农民爱党爱国、向上向善、孝老爱亲、重义守信、勤俭持家；深入开展文明村镇、文明家庭、道德模范等评选表彰活动，以道德评议和社会舆论的力量改进民风。

（三）推进精细化治理

为适应基层社会治理现代化新要求，着力解决基层治理中存在的信息不通、联系不紧、服务不实等问题，更好满足人民群众多层次多样化需求，部分先行示范县探索构建更加精细精准的基层治理体系，以网格化管理为抓手、以现代信息技术为支撑，助力提升农村社会综合治理效能。一是优化网格设置，综合考虑地域特征、人口规模、村（社区）复杂程度以及经济条件等因素，因地制宜划设网格，特别是把林田路井、矿产资源、河流沟壑等风险隐患点纳入网格管理事项，实现基层治理所有要素入网、所有事务进网。二是依托网格提升服务效能，由村“两委”人员、网格员、党员等组成网格管理员队伍，定期走访、了解群众需求，变“群众跑”为“干部跑”，“多次办”为“一次办”，实现全程为民代办服务，打通了服务人民群众的“最后一公里”。三是把网格化服务管理与基层党建工作相结合，把支部建在网格上，加强党群联动，为治理触角更好向下延伸提供了保障，实现基层党建与网格化服务管理深度融合、基层党建与平安建设互促互进。

（四）强化科技赋能

伴随着大数据时代治理环境复杂化、治理诉求多元化和治理场景网络化，[①]用科技赋能基层治理，加强基层智慧治理建设，是大势所趋。科技创新将从乡村治理主体的思维理念、治理的体制机制以及治理的方法工具等方面全面助推治理转型，提升乡村治理能力。先行示范县高度重视乡村社会治理创新，广泛运用大数据、云计算、区块链等先进科技手段，将技术优势与制度优势结合起来，实现乡村社会治理主体多元化、治理机制科学化、治理手段精细化。一是充分发挥信息化支撑作用，建立“互联网＋网格管理”服务管理模式，提升乡村治理智能化、精细化、专业化水平。二是强化乡村信息资源互联互通，完善信息收集、处置、反馈工作机制和联动机制，从而更好提升乡村治理效能，助力乡村振兴。[②]三是打造乡村沟通手段，通过数字化手段把分散在各地的人员组织起来，共同谋划乡村发展事业。

第二节　提升“三力”促善治
——小店区刘家堡乡

近年来，刘家堡乡以提升农村基层社会治理效能为目标，大胆探索实践，在治理体系上求突破，在服务群众上下硬功，在乡村文明上立标杆，持续激发和提升乡村治理引领力、凝聚力、软实力，走出了一条符合当地实际的乡村善治之路。

① 张贵群:《科技赋能　助推乡村治理现代化》，光明网2019年9月15日。
② 李琼会:《乡村振兴要夯实“治理有效”这个基础》，中国甘肃网2021年6月4日。

一、基本情况

刘家堡乡位于太原市小店区西南端，东接北格镇，南连太原清徐县，西傍汾河、与太原晋源区相毗，北邻小店街道。这里是明吏部尚书王琼故里，相传五代后汉高祖刘知远曾住柳林庄、监军庄，并在此筑堡屯兵。刘家堡乡辖区面积 45 平方千米，耕地 3.8 万亩，人口 4 万人，下辖 12 个行政村，产业以种植业、养殖业、交通运输业为主。

二、主要举措与成效

刘家堡乡党委坚持党建引领夯基石，提升乡村治理引领力；精细服务暖民心，提升乡村治理凝聚力；文明实践淳乡风，提升乡村治理软实力，为提高乡村经济社会治理效能提供了源源不竭的精神动力、创新活力、发展合力。刘家堡乡荣获 2019 年全国乡村治理示范乡镇，王吴村荣获 2020 年度省级乡村治理服务示范社区，王吴村、南马村、东柳林村荣获 2020 年度山西省善治示范村。

（一）党建引领夯基石

刘家堡乡坚持以农村基层党组织为领导，充分发挥党员干部队伍、村集体经济组织、社会组织作用，理顺治理机制，提升乡村治理引领力。

一是做到“四个主动”。主动强化责任自我加压，把乡村有效治理作为党委、政府工作重点，纳入年度考核机制，乡、村两级党员干部建立办实事台账，实行“销号”管理。主动一线办公深化融合，把党建例会开到农村，党员干部集结一线，推动“双违”整治、为民办实事等民生工作。主动强化带头攻坚克难，把党旗插在一线。2020 年新冠肺炎疫情防控阶段，刘家堡乡党委迅速组建临时党组织，全乡 1200 名共产党员冲到第一线，3 天时间全面排查全乡 1.2 万户村民的行动轨迹，及时阻断疫情传播风险隐患。主动创新举措纾困解难，实施党群连心工程、党员联系服务群众制度，帮扶低保、五保困难群众，用心用情解决实际困难，群众满意度从 2018 年的 81％提升到 2020 年的 98％以上。

二是实行“七维联调”。制定“包村领导＋包村指导员＋乡人大代表＋乡职能部门人员＋村两委成员＋村民代表＋律师”的七个维度联动模式，定期组织召开联席研判会，按照定人、定时、定点、定责的“四定”原则，发挥集体合力，转变方式方法，调解群众的操心事、烦心事、揪心事。2020 年，刘家堡乡共接待信访群众 33 批 130 人次，受理信访案件 204 件，调解成功率 100％，做到了无一例信访事件出村出乡。

三是带动就业创业。高标准建设农贸市场、现代农业产业园区、现代科技中心，壮大集体经济，改善经营环境，带动了村民就业创业。王吴村以“农业＋文化旅游＋教育劳动实践”为模式，形成了葡萄采摘观光旅游田园综合体业态，被评为“中国美丽休闲乡村”和“山西省首批 3A 级乡村旅游示范村”。刘家堡村以“农业＋非物质文化遗产＋民宿康养”模式为引领，建成非遗文化街，吸引传统剪纸、汉服、漆画、木雕、千层底、舞狮、漆器、傅山卤肉、穆府老膏药等非遗工作室入驻，盘活了废旧宅院资源，增加了村民收入。

（二）精细服务暖民心

刘家堡乡多管齐下畅通服务群众渠道，推进服务群众“最后一公里”向“最后一米”转变，提升乡村治理凝聚力。

一是延伸服务触角。充分发挥乡党群服务中心功能，为群众提供更加便捷舒适的办事场所。“两委”干部轮流坐班，统一受理村民关心的医保、养老、就业、卫生健康、低保、残疾申报、大病救助等十多项服务事项，既节约了村民时间，也提升了乡镇办事效率。在全乡 12 个村集中打造一批村级便民服务大厅，工作人员达到 80 余人，对民政事务、项目审批、计生服务等事项，明确办事流程，实现农村公共服务事项清单化。

二是创新执行“三亮三比三评”制度。“三亮”，即亮身份、亮职责、亮承诺，党员悬挂“共产党员家庭”标牌，并在公示栏公开职责；“三比”，即比学习、比作风、比贡献，通过支部互比、党员对比，不断提升服务群众能力，形成比学赶超良好氛围；“三评”，即支部评、党员评、群众评，建立全方位党员干部评价体系，提高工作水平。推出民事民意“代办员”制度，民生事项一站式服务，化解矛盾纠纷，提高群众满意度，将矛盾消弭在源头、化解在基层。代办员接地气的工作方式给群众带来了方便，代办的是杂务，温暖的是人心，实现了服务不缺位、小事不出村、矛盾不上交。

三是“三长”管理服务。按照任务相当、方便管理、界定清晰的要求，结合村民认同度、基层工作人员能力素质等因素，构建片长、街（巷）长、院长三级管理服务机制。通过“三长制”直接联系服务群众，织密简便、务实、管用的组织体系，在政策宣传、民意收集、

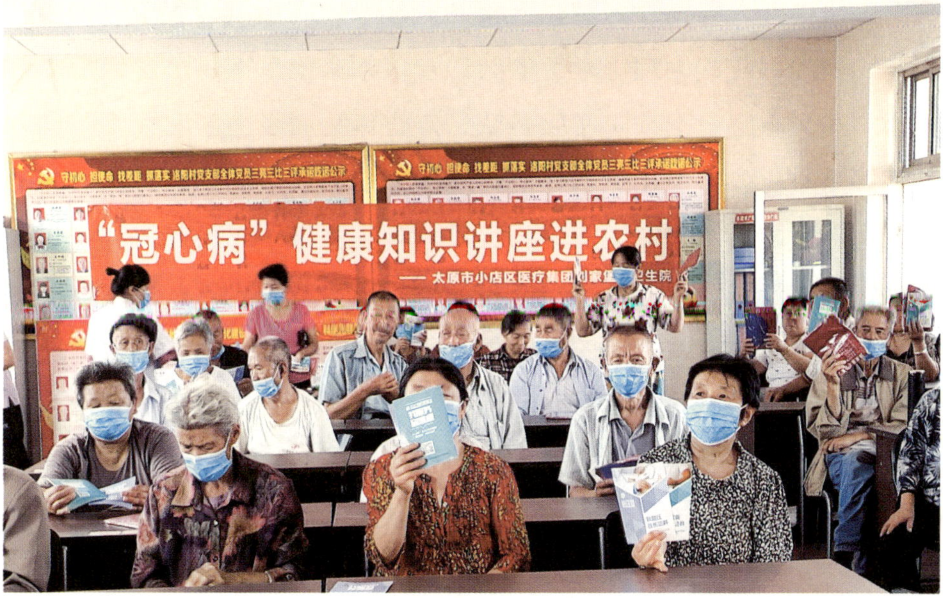

图 5-1　刘家堡乡举办医疗讲座，增强农民幸福感

化解矛盾、卫生整治等方面，形成上下通达、横向共享的全域覆盖工作体系，社会管理水平、村民道德素质得到明显提升，垃圾乱堆乱倒、车辆乱停乱放等问题得到有效解决。

（三）文明实践淳乡风

刘家堡乡发挥“一站一观一约四会”作用，推动社会主义核心价值观落实落地，倡导文明健康生活方式，以德化民、以德润村，提升乡村治理软实力。

一是打造新时代文明实践站。实践站融文化站、电影室、乒乓球室、篮球场、红歌馆等场所功能于一体，丰富村民日常生活，打造农村精神文明建设阵地。依托一支政治过硬、素质优良、专兼结合的志愿者队伍，开展理论宣讲、教育服务、科普推广，打通理论宣讲“最后一公里”。为积极送理论下基层，小店区新时代文明实践中心在刘家堡乡每个建制村设立乡村大喇叭广播站，通过引导区直部门资源下沉，宣讲党的创新理论，传播党的声音，让党的方针政策、创新理论及时、快捷飞入寻常百姓家，上接“天线”、下接“地气”，使乡村街巷、田间地头成为理论学习的大课堂。刘家堡乡南马小学组织9名小小广播员志愿者组成志愿服务队，走进南马村乡村新时代文明实践站开展常态化、特色化宣传宣讲，同学们广播“学习强国”平台中的要闻、新思想，发布党史等材料，把“学习强国”平台搬进“乡村大喇叭”，同步实现了社会实践与志愿理论宣讲双促进。

二是推进社会主义核心价值观进农村。强化宣传引导，开展“大手牵小手”“村民素养提升工程”，内化于心，外化于行，引导村民自觉践行弘扬社会主义核心价值观。

三是发挥“一约四会”作用。鼓励支持村民广泛参与制定村规民约，建立健全村民议事会、道德评议会、禁赌禁毒会、红白理事会，让德高望重、公道正派的老党员老同志参与其中，宣传喜事新办、丧事简办、尊师重孝。各村制定了红白理事会实施细则，针对以往红事大操大办现象，提倡取消上礼、拱门等环节，酒席不超15桌，标准限制“八凉八热”，遵守者奖励5000元；村民办白事，提倡不请客、不开灶、不吹打，以一朵小白花代替白衣白裤来寄托哀思，酒席限15桌，标准“四凉四热”，只要满足这些条件，奖励1万元。这样的规定遏制了铺张浪费的陈规陋习，形成了“兴家唯是节俭，立身最忌虚荣”的淳朴良俗。

三、经验与启示

小店区刘家堡乡坚持以党建引领作为推动农村高质量发展的“红色引擎”，对准群众的“急难愁盼”主动作为，构建起“一组一办七专班一队伍”的基层治理工作体系和“乡党委—村党组织—网格党小组—共产党员户”的基础组织链条，将为民服务的触角延伸至“最后一米”。

（一）“1171”统筹调度合力攻坚

刘家堡乡成立由乡党委书记任组长的抓党建促基层治理能力提升工作领导组，统筹协调村级集体经济壮大、“清化收”、星级文明户、网格治理、执法体制改革、便民服务、舆论宣传七个专班协同发力，包村干部组成的“一线队伍”集合精锐力量，深入各村破解具体治理难题。按照乡党委安排，包村干部要每周深入所包村庄，走访入户、答疑解惑，帮助村民解决各类问题。“1171”工作体系打破了部门之间、乡村之间的壁垒，层级清晰、职能明确，按照责任清单，对单销号、动态解决、挂图作战，使治理工作有了“牵头人”“督导人”和“解决人”。

（二）“81个网格”网住群众“急难愁盼”

刘家堡乡做实“网格化”体系，将全乡划分为81个农村网格，建立起“乡党委—村党组织—网格党小组—共产党员户”的基础组

图 5-2 西柳林党群服务：强化党建引领，筑牢基层堡垒

织链条，形成四级“网格”管理体系，网住群众反映的“急难事”。各村延伸出的共产党员户收集村情民意后上报网格党小组，将群众的“急难愁盼”“一网打尽”，建立起“一插到底”的村民联系渠道和民意收集通道，将党群联系缩短至“最后一米”，全力维系着党群之间的“最短距离”。

（三）帮办代办服务群众温暖民心

为优化为民服务质量、简化办事流程，刘家堡乡大力推进便民帮办代办工作，进一步提升村民获得感、幸福感、满足感。

充实帮办代办队伍，美化亮化服务环境。依托各村党群服务中心、便民办事大厅，打造专属服务点，设立帮办代办服务窗口，在整洁的服务大厅内，帮办代办的规章制度、流程均已上墙悬挂，可清晰看到并了解整个办事过程；全乡各村指定一名办事能力强、沟通能力强、责任心强的村“两委”成员作为代办员，同时，充分依托农村网格员熟悉村情的优势，发挥党员的先锋模范作用，将三类人员全部列为帮办代办员；设计、制作、发放连心卡，更好服务困难村民，提高基层公共服务管理能力。

明确代办事项，优化服务方式。结合生活实际，将与村民紧密相关的事项纳入帮办代办事宜，涉及社会保障、民政、卫计等，制定符合现阶段工作的帮办代办事项清单共计 4 类 10 项，真正做到让“数据多跑路，百姓少跑腿”。对于留守老人、残疾人、重病卧床的人、行动不便的人，代办员主动上门进行服务，坚持便民、公开、高效和无偿原则，优化服务方式，为群众切实排忧解难。

落实代办原则，保障服务质量。按照抓党建促基层治理能力提升专项行动中帮办代办要求，在各村依托党群服务中心、便民服务大厅，全部设立固定的帮办代办点，村“两委”成员、网格员、党员担任帮办代办员，将连心卡统一悬挂于胸前进行服务，全乡各村做到了有场所、有人员、有电话、有制度、有服务记录。遵循便民利民、群众自愿、务实高效的原则进行帮办代办服务，认真对待每一件代办事项，对不能办理的事项当面告知原因，对已代办的事项进行登记、回访，有效地提升了服务效率和水平，保障了服务质量。

（四）观摩评比激活党建动能

在抓党建促基层治理能力提升专项行动中，刘家堡乡坚持规定动作不走样、自选动作出亮点，立足村情实际，聚焦工作重点，创新工作举措，奋力打造一批可说、可看、可推广的好经验好做法。西草寨村创新以“三标定基、三池聚力、三榜亮分、三兑赋能”为抓手的党员积分制管理工作闭环机制；东柳林村结合本村实际，坚持党建引领，运用“一四二二”工作法将星级文明户评比工作引向深入。为解决党建工作“重点轻面”“覆盖不全”“不严不实”的问题，刘家堡乡组织开展“逐村观摩，整乡推进”观摩活动，让大家在横向比较中找差距、纵向分析中寻方向，通过对表对标、学习借鉴，进一步形成“比学赶超”的浓厚氛围。

第三节 智慧党建创新乡村治理模式——上党区振兴村

振兴村率先引进5G技术，打造“一中心一平台一品牌”，致力推动信息通信技术服务党建民生，助力数字乡村、智慧乡村建设，为党建引领乡村治理插上科技的翅膀。

一、基本情况

振兴村位于山西省东南部长治市上党区振兴新区境内，地处太行山西麓、上党盆地南缘，是享誉三晋的“煤铁之乡”。全村总面积6.6平方千米，农业人口2309人，职工3000人，下设1个集团、5个子公司，固定资产30亿元，村集体经济年收入6900万元，村民人均收入3万元。近年来，振兴村依托5G技术，拓展乡村治理渠道，先后被授予“全国文明村镇”“国家五星级工业园区”“全国乡村旅游重点村”等27项荣誉。

二、主要举措与成效

2019年7月，振兴村党建生活馆在全省第一家引进5G技术，建成振兴小镇5G智慧党群馆，推出了涵盖党委、党支部、党小组以及党员的5G信息通信产品和信息化应用，实现实时为所有党员和村民代表提供信息通信服务，打造了“一中心一平台一品牌”。“一中心”就是基层党建工作指挥中心，“一平台”就是基层党建云平台，“一品牌”就是建设全国一流智慧党建品牌。

（一）支部建设智能化

振兴村深刻把握信息时代和大数据时代优势，着力提升党建工作数字化、网络化、智能化水平，创新党建学习机制，推出党员学习“e本通”，依托云计算、移动互联网技术，打造个人党建学习的移动课堂。平台设置智慧党建“W（我）支部”“知天下”“云课堂”“便民宝”“发布厅”五大板块，增添了“智慧党建学习”“新闻”“政务”“生产”“生活”“电商”六个栏目。建立了智慧党建大数据“三库五档”，即党委、党支部、党小组三个数据库和基层党员、“两委”干部、企业干部、机关干部、积极分子学习五类档案。

（二）党建教育远程化

通过平台消除地理限制，让广大党员共享优质的党建资源，真正实现“有网络覆盖的地方就有党建”。推出“党员云课堂”，以互联网为媒介，搭建线上学习平台，实现党建学习线上线下结合。课程包含课程推荐、专题推荐、特色栏目、乡村振兴、名师讲堂、主题教育、党员专题学习、中心组学习、党支部书记学习、学习管

图 5-3　上党区振兴村基层党建学习室

理十大板块，精选“3000＋课时”的网络课程，每年更新“600＋课时”普及课。所有课程由来自中共中央党校（国家行政学院）、国家各部委、国防大学、中央社会主义学院、中国社会科学院、清华大学、北京大学、中国人民大学、北京师范大学等单位及国内外1500多位权威专家讲授。每天通过云端精准推送学习资源，共享优质的党建资源。智能搜索、选课，引导党员根据自身实际和工作需要，实现党员自主性和灵活性学习，利用业余时间开展自学，提升了学习的舒适度、便捷度。通过VR体感平台，让广大党员干部和群众感受当年红军爬雪山、过草地的长征之路以及巧渡金沙江、飞夺泸定桥的艰难险阻等，历史模拟再现使得红色党建教育“活起来”。

（三）“三零”创建数字化

在社会治理创新工作中，振兴村以党建为引领，以零上访、零事故、零案件创建为契机，统筹资源、靶向施策，建设了智慧安防系统，安装60套视频监控设备，摄像头架设在园区制高点，对村内村外环境进行视频感知，实现全村全景监控。利用5G技术将数据传送至监控大屏，180度全景相机＋结构化抓拍相机，用于大场景监控、目标检测，球机用于人脸、人体、车辆抓拍，实现小镇内全域人脸识别。支持调阅实时、历史视频监控，对调阅的视频监控进行截图及录像。对全村路灯、大喇叭、宣传显示屏和摄像探头进行智慧升级改造，做到“全区域”“全时段”覆盖，实现了智慧宣传、智慧安防。特别是在新冠肺炎疫情防控工作中，做到了不见面宣传到位，为居家隔离管理提供了便利。

（四）便民服务网络化

加快居民千兆互联网接入，依托振兴便民服务中心、综治中心，将党群服务室、人民调解室、心理咨询室、“扫黄打非”办、新时代文明实践所、财务室、扶贫办、村务监督室、产权改革办、经济联合社、老年人日间照料中心等 20 多个服务站数据互联互通，实行“一站式”“最多跑一次”服务，居民水电费网络缴费，医疗保险报销网上办理，大大提高了乡村治理办事效率，打通了服务群众的“最后一公里”。为彻底解决居民大病生不起、治不起的难题，振兴村成立了村民医疗互助会，为辖区内所有村民和职工办理“福村宝”。“福村宝”报销方式简单便捷，只需在手机上安装“福村宝”APP，将出院证明、住院费用清单、基本医保结算单三项资料拍照上传，平台经过病种认证，按照补助方案生成补助金额，参保人员收到补助信息后，便可携带基本医保结算单到村民医疗互助会领取补助。

（五）精神教育故事化

文化是立村之本、立家之根，在振兴村，红色文化处处彰显。村里专门建设有红色文化收藏馆、红色文化广场、抗日战争主题广场、毛主席塑像、解放战争主题广场、上党战役展览馆、南下战役干部纪念馆。建起了以“二十四孝”故事为主题的孝廉公园及梅兰竹菊四大民俗文化长廊。为激励全村人不断奋斗，村党委将振兴村的昨天、今天奋斗历程写成故事，陈列于村史馆，让村民始终牢记先辈勤劳俭朴、敬业持家的光荣传统，也使之成为振兴人永远向前的精神基因。每年定期开展“好媳妇”“好公婆”评选活动、模范老人表彰等，评选出的先进，给予 300 元到 1200 元奖励，通过榜样的力量，让中华民族爱老敬老的美德扎根在每位村民心中。

（六）村民福利普惠化

想百姓、爱百姓、为百姓，就会多为百姓办实事。多年来，振兴村的民生投入从未停步。免费教育，免费供暖、供水，免费公交车，免费发放米面油，用电、用气补助落实到位。村民每人每年发放福利金 5100 元，每年重阳节给 60 岁以上的老人每人发放 1200 元养老金，每年进行两次免费体检。春节期间，本村村民和外来村企职工4500多人，均领到米、面、油、瓜子、花生等年货物资。教育方面，振兴村投资6900万元建起幼儿园、小学和中学，周边11个村的孩子均在此上学，在全国高薪聘请年富力强、学历高的老师，学校近千名师生的服装、食宿全免费，考上大学的凭入学通知书报销学费。在医疗方面，除“新农合”之外，针对重大疾病，振兴村成立了村民医疗互助会，对村民住院费用在“新农合”的基础上进行二次报销，最多能报销30万元。三年时间大病累计报销685人，报销金额336万元，兜牢了大病保障。

通过5G信息化建设，实现了全民全天全程融入乡村治理。如今的振兴村不仅创出了一条“就地入城、就地就业、就地入学、就地就医、就地养老”的就地城镇化新路子，也实现了环境生态化、农村城市化、生活保障化、服务功能化、就业均等化“五化”目标，真正成为宜居、宜业、宜游、宜学、宜养的全国文明村镇。

三、经验与启示

科技创新作为推动农业农村现代化的重要支撑，从基层党建、公共服务、社会治理、文化传承等多个维度改变和重塑了乡村面貌，为乡村治理现代化绘制出全新的实现路径和可及图景。

（一）科技推动基层党建高质量发展

近年来，顺应新技术发展趋势，智慧党建得到蓬勃发展。智慧党建是以党章党规为基本遵循，依据党组织实际情况，以云平台为基础，通过互联网、移动互联网、物联网、大数据、人工智能、区块链、VR和AR等新技术，把党员干部、人民群众以及各种智能机器联系起来，构建全面感知、精确研判、全网协同、全面评价、迭代进化的党建共同体。[①] 振兴村通过智慧党建平台，把现实中的党组

① 雷强:《以智慧党建推动高质量党建》，《学习时报》2022年1月28日。

织体系映射到智慧空间，实现党建工作全覆盖，“横向到边，纵向到底”，做到党建工作一网统管。在党史学习教育中，振兴村采取“线上 + 线下”的学习模式，充分利用振兴党群馆内党员云课堂、党史学习屏、党建学习电子宣传栏、基层党建大数据分析平台等互联网资源，全方位、多角度让党员干部接受教育。

（二）科技创新更好惠及民生

科技创新是改善和提升乡村居民生活品质的重要手段。新能源技术、现代信息技术、人工智能、大数据等在乡村各领域的推广应用，为保障和改善乡村民生，加速公共服务资源向乡村流动倾斜，促进乡村和谐稳定带来了重要契机。振兴村以“互联网 + ”为依托，加速智慧医疗、智慧教育、智慧政务在乡村推广普及，有效发挥科技创新提升乡村治理专业化、精准化、智能化水平，强化发展弱项，补齐民生短板，切实提升居民的幸福感、获得感和安全感。①

（三）科技创新赋能乡村治理现代化

乡村治理体系和治理能力现代化是农业农村现代化的重要组成部分。近年来，振兴村以破解治理难题为突破口，以提升治理效能为目标，利用数字技术赋能乡村基础设施建设、治理模式创新、安全生活保障等，构建乡村数字治理新体系，建设宜居平安美丽乡村。振兴村创新“2 + 10”模式，即依托便民服务中心和综治中心，开展综治、法治、扫黑除恶、信访、矛盾纠纷排查调处、网格化管理、禁毒戒毒、平安创建、出租房屋及流动人口管理、特殊人群服务管理等 10 项工作，整合各部门力量形成推进基层维稳的合力。振兴村借助“网格化”，及时掌握村内动态，做到了全方位、无盲点监控管理，

① 张成甦:《以科技创新赋能乡村治理现代化》，《中国社会科学报》2021年6月16日。

实现了村内社会治理网格全覆盖、服务零距离、治理精细化。建立“互联网＋网格管理”的服务管理模式，完善村级一体化政务服务平台，推动和扩大网上办、掌上办、一次办。利用民生APP、微信群等线上平台，推动党务、村务、财务网上公开，实现各类为民服务事项、财政清单等村级事务透明化、公开化。

（四）科技赋能促进乡村文化振兴

科技创新是继承和发扬乡村优秀传统文化的重要途径。山西许多农村地区拥有悠久的历史文化积淀，具有深厚的文化底蕴，是我国传统文化的宝贵财富，应积极引入互联网、大数据、云计算、人工智能等先进技术手段，大力挖掘、弘扬淳朴民风、良好家风和优良家训的文化引领作用，重拾优秀传统文化精髓和文化自信；通过VR等技术实现文化元素的电子化和虚拟化，实现远程乡村文化的虚拟体验，让广大消费者感受到乡村原汁原味的文化元素和自然资源，从而促进乡村文化振兴，为乡村振兴持续提供强大精神动力。[①]

振兴村智慧党建模式还需继续深化创新。一是通过对党委、党支部和党员工作的网络化、数字化和智能化，实现用数据记录、用数据决策、用数据创新。在此基础上，通过智慧党务平台，实现组织管理、会议管理、组织关系转接、党员发展、党费管理等模块的标准化、自动化和智能化。二是充分利用视频多媒体、数字化、VR等科技手段，构建创新学习空间，形成立体式、体验式、沉浸式的智慧教室，让优质资源下沉，使党建变得生动鲜活，改变党建培训的传统模式。

① 张丹:《科技赋能助力乡村振兴的路径》，《南方日报》2022年8月7日。

第四节　“三治”融合兴乡村
——尧都区枕头村

枕头村聚焦党建引领，创新思路、多措并举，抓自治、抓德治、抓法治，不断加强乡村治理体系建设，创新乡村治理方式，提升乡村治理能力，初步形成了党组织引领下的“三治”融合乡村治理模式，收到了良好成效。

一、基本情况

枕头村位于临汾市尧都区西部山区，海拔 1150 米，全村下辖 6 个自然村，总人口 520 户 2060 人，党员 62 名。近年来，枕头村先后被评为“全国乡村治理示范村”“国家首批森林乡村”“山西省美丽宜居示范村”“山西省民主法治示范村”“山西省 3A 级乡村旅游示范村”等。

二、主要举措与成效

近年来，枕头村着力加强村党组织建设，不断强化村党组织对村各类组织和各项工作的领导，健全民主管理制度，规范完善村规民约，创新矛盾纠纷化解机制，增强干部群众法律意识，大力弘扬文化道德新风，促进党组织领导的自治、法治、德治相结合的乡村治理体系更加完善。

（一）抓党建，促“两强”，组织建设聚民心

枕头村始终坚持党组织在乡村振兴中的核心作用，牢固树立强思想和强队伍的“两强”思路。在强思想方面，创新开展“五个常态”，即党员学习、组织活动、党员教育管理、培养发展新党员、营造政治氛围五个常态化。在强队伍方面，扎实开展“九个一活动”，即一月一次党小组会、一月一次党员学习、一年一次先进评比、一

年一次义务植树、一年一次爱国教育、一年一次红色基地参观、一年一次文化节义务执勤、一年四次义务劳动、一年六次技术培训。通过“五个常态”和“九个一活动”，村“两委”抓强班子、带好队伍，抓强素质、熟练业务，提振了村民跟着党组织走的决心和信心，为乡村治理打下了坚实的基础。

（二）抓自治，促增收，激发致富新动力

枕头村先后健全了村治保会、民调会、治安联防队等村级自治组织，建立了“四议两公开”“一约四会”等长效机制，做到乡村治理有规可依、有章可循。2020年实行“一约四会”以来，枕头村收集群众意见建议30余条，采纳20余条，整改问题10个，群众满意度100%；完成民事代办10余项。各类纠纷同比下降56%，化解信访案件8件，依法处置缠访闹访、寻衅滋事5人，信访总量同比下降80%，有98%以上的矛盾纠纷得以协商解决，实现了小事不出会、大事不出村，矛盾不上交、纠纷不激化。积极开展“党员亮身份亮职责模范带头促发展”活动，要求党员在乡村治理中做到八个带头，即带头遵纪守法、带头移风易俗、带头劳动致富、带头学习科学技术、带头参加义务劳动、带头见义勇为、带头联户帮扶、带头参加文化活动。通过党组织的推动和党员的带动，村里成立了大福种植专业合作社，将苹果种植作为枕头村主导产业，先后种植高山优质苹果3000亩。据统计，2020年全村年增收1000万元，人均增收5000元，带动全村39户贫困户彻底脱贫。

（三）抓法治，保平安，依法治村促稳定

枕头村把法治建设作为日常工作的重中之重。一方面，经常开展法治活动。定期聘请法律工作者，举办法律讲座，宣讲法律知识，解答法律难题。开展“法治带头人”、学法守法用法示范户评选活动，以守法典型带动提升村民守法意识。另一方面，长期开展“三零”创建。健全完善矛盾调解机制，发挥民调委员会、人民调解员作用，对发生的矛盾及时排查、及时化解，确保小事不出村民小组、大事不出村，实现“零上访”。组织村联防巡逻队，加强治安巡逻，重大节日加强联防；建立护林防火队伍，对全村 7000 亩林区分片定责，开展“三防”，实现“零事故”。深入开展扫黑除恶专项斗争，促进乡村和谐稳定，实现“零案件”。通过法治活动和“三零”创建的经常开展，极大地提升了人民群众的获得感、幸福感、安全感，乡村治理取得了明显成效。

（四）抓德治，重文化，培树时代新风尚

枕头村以德治为根本，实施德治工程，塑造健康向上新形象。一方面，挖掘文化资源，营造和谐文明氛围。枕头村是一个有着光荣革命历史的老区村，2015 年建成了枕头抗战陈列馆，被省、市、区都确定为爱国主义教育基地。建设了占地 3 万平方米的枕头文化公园，公园设有中国杰出历史人物、新二十四孝、社会主义核心价值观等文化展览景点，形成了集红色文化、农耕文化、德孝文化为

图 5-4　枕头村举办道德模范评议表彰大会

一体的文化活动教育场所。每逢重大节日，村“两委”组织党员干部、青年学生和村民入园参观，缅怀先烈、明志树德。另一方面，开展评选活动，树立传统道德典型。2021年，山村民道德评议会组织评选出勤劳致富户、道德模范、五好家庭、好婆婆、好媳妇等29人进行表彰，为全村思想道德建设树立典型。

三、经验与启示

党的二十大报告指出：“健全共建共治共享的社会治理制度，提升社会治理效能。”新时代乡村治理是一个以基层党组织为核心，以基层经济组织、群团组织、社会组织、自治组织等为实施主体的组织体系。枕头村充分发挥农村基层党组织战斗堡垒作用，坚持党建带群建、群建助党建，确保党建引领的政治高度；坚持以“三治融合”为抓手，不断完善社会治理格局，自治活力得到释放，法治思维深入人心，道德风尚不断强化，走出了一条乡村善治的新路子。

（一）党建引领“明思路”，把牢发展方向

农村基层党组织是党在农村全部工作和战斗力的基础，是全面推进乡村振兴的“一线指挥所”，也是“前线先锋队”。新时代乡村治理要强化党建引领，就必须充分发挥基层党组织在乡村治理中的引领作用。[①] 枕头村坚持党建引领，以党支部为核心，举旗定向、精准部署，确保方向不偏、步调不乱。村“两委”班子充分考虑地处高山、位置偏远、土壤以砂石为主的得天独厚的优势，组织相关人员拜访专家、调研论证，确定了以发展高山优质苹果种植为主导产业的发展路子。借鉴优秀经验，采取“农户＋合作社”的运营模式牵头，成立了“大福种植专业合作社”，组织农户纳入合作社，

① 陈成文：《乡村治理推进“三治融合”的内在逻辑与实践路向》，《光明日报》2022年9月22日。

实现社员和村民“抱团闯市场”，联手致富，为村级集体经济发展注入强劲动力，群众认同感和满意度明显提升。

（二）党员示范“树标杆”，引领村民共富路

党员是党组织的细胞，党支部要充分发挥工作推动上的“核心”作用和生产经营中的“督导”作用。在转型发展过程中，枕头村组织党员在议事决策中宣传党的主张、执行党组织决定，充分发挥党员先锋模范作用，培树党员“带富先锋”，示范带动群众参与，确保群众成为党组织领办合作社的重要参与者和最大受益者。村里成立了修剪队，支部书记亲自挂帅出征，党员冲锋在种植一线，并在党员队伍中通过自荐、推选方式确定20名示范户，建立起技术管理人员队伍。通过党员先锋引领，定期为农户提供栽培技术培训、搞好服务，使合作社成为维护农村稳定、促进农民增收的重要手段，既发挥了党组织在合作社中的引领作用，又提高了苹果产业化经营水平和农民组织化程度，有效促进了合作社稳定有序发展。

（三）政策扶持“架梯子”，补足发展支撑

在枕头村转型发展中，区、乡两级政府坚持政策驱动，全面统筹各方资源力量，通过资源倾斜强底蕴、政策驱动促发展，推动各项工作走深走实。在资金扶持方面，通过有效整合村集体、村民入股等资金，加强部门帮扶，区级相关部门结合职能职责，从班子建设、发展规划、人才培训、资金支持等方面对集体经济项目进行结对帮扶，指导、扶持其盘活集体资产、兴办农业基地和农产品加工项目，形成稳定的村集体经济收入来源。在政策扶持方面，统筹整合资产、资源、资金，引导支农、扶贫、产业等各类项目向村集体经济发展项目适度倾斜。通过落实完善财税减免优惠、土地优先安排等利于农村集体经济发展的各项优惠政策，形成资金、信息、技术等各类资源的叠加效应，增强“输血”功能，持续为壮大村集体经济提供

保障。

（四）深化“三治融合”，助力乡村善治

近年来，枕头村坚持“以人为本，服务群众”的原则，从村民最关心、最迫切的身边事入手，充分发挥自治、法治、德治作用，成为乡村治理的典范，村民认同感幸福感大幅提升。下一步，需要继续深化“三治融合”，在治理有效目标的统合下，探索新时代促进“三治融合”的具体路径，共同提升乡村治理效能，长效推进乡村治理。

以自治为基础，增强村民自治组织能力，丰富村民议事协商形式，保障村民合法权益。一是进一步完善村规民约，充分调动农村群众参与社会管理的积极性和主动性。二是完善党组织领导的村民自治机制，有序推进自治实践，严格规范选举程序，依法实行民主选举、民主协商、民主决策、民主管理、民主监督，保障村民的知情权、决策权、参与权、监督权。[①] 三是增强村民自我管理、自我教育、自我服务、自我监督能力和水平，形成人人有责、人人尽责、人人享有的社会治理共同体。

以法治为保障，加强农村法律服务供给，加大基层小微权力腐败惩治力度，健全乡村矛盾纠纷调处化解机制，推进法治乡村、平安乡村建设。一是健全乡村公共法律服务体系，扩大基层法律工作者队伍，实现“一村（社区）一法律顾问”的有效覆盖。二是建立健全乡村调解、县市仲裁、司法保障的纠纷调处机制，及时有效化解乡村矛盾纠纷。三是推广新时代“枫桥经验”，推进农村社会治安防控体系建设，不断提升乡村治理智能化、精细化、

① 汪义力:《以“三治融合”助力乡村善治》，《湖南日报》2022年1月17日。

专业化水平。

以德治为支撑，积极培育和践行社会主义核心价值观，实施乡风文明培育行动，发挥道德模范引领作用，加强农村文化引领。一是灵活运用宣传阵地，完善村级党群服务中心，利用宣传栏、文化墙、新时代文明实践站等平台广泛传播正能量。二是广泛开展好媳妇、好儿女、好公婆等评选表彰活动，开展寻找最美乡村教师、医生、村官、家庭等活动，积极倡导文明新风，引导农民群众转变观念。三是积极发动各类群团组织，开展志愿活动，有效组织引导群众，实现政府治理、社会调解、村民自治的良性互动。

第五节 “十户联创”实现全民参与乡村治理——襄垣县西垴头村

西垴头村积极探索以“十户联创”为载体的乡村治理模式，通过爱国爱村、遵纪守法、移风易俗、团结互助、清洁卫生、道德奉献的量化评分考核，每月召开一次评议会，每季度实施一次奖励，联创小组联手共建文明、共创和谐、共促发展，有效激活农村干群活力，创新农村社会治理，走出一条乡村治理推动乡村振兴、精神文明物质文明一起抓的发展道路，为乡村有效治理提供了范式和样板。

一、基本情况

西垴头村位于襄垣县城北 2 千米处，共 266 户 1081 人，党员 44 名，村“两委”干部 9 人，耕地 1616 亩，2021 年村集体经济收入 30 余万元，是一个典型的城郊纯农业村庄。近年来，该村充分发挥党支部带头作用，积极探索以“十户联创”为载体的乡村治理模式，把“群众想办的”和“政府要办的”拧成一股绳，实现了村民“管理有资格、参与有渠道、表达有人听”。2019年，古韩镇西垴头村入选“全国乡村治理示范村”。

二、主要举措与成效

为更大地发挥村民参与基层治理的主动性，西垴头村积极探索以“十户联创”为载体的乡村治理模式，把每10户村民组成1个联创小组，小组捆绑自治，科学积分测评，激励约束并重，实现农村基层治理由“村里事”变成“家家事”，由“任务命令”转为“激励引导”，由“要我参与”变成“我要参与”，激活了农村干群活力，解决了联系服务群众“最后一公里”难题。

（一）“十户联创”创出和谐乡村

按照“居住相邻、易于集中、便于活动”的原则，西垴头村将全村266户以10户1个单元划分为27个联创小组，并选出1名党员小组长，引导小组联手共建文明、共创和谐、共促发展。以共产党员和优秀村民为小组长，负责走访了解村民困难需求、调解家庭邻里矛盾、检查宅院环境卫生、排查安全治安隐患，有计划、有步骤地为村民提供个性化、专业化、规范化服务。村委会按月、季度、年三次对“十户联创”户和各小组长开展评议，各小组间交叉评分，对优秀“联创户”发放流动红旗，对先进小组长给予精神和物质奖励。小组内相互激励，以先进带后进；大组内评比打分，你追我赶共前进。通过这种联评互议的激励机制，全村呈现出“十户联合、户户共赢，百户联创、美丽乡村”的良好风貌。

（二）“3＋3”评比评出文明乡风

西垴头村创新探索“3＋3”星级家风评比机制，设爱国爱村、遵纪守法、移风易俗3项基础项，团结互助、清洁卫生、道德奉献3项奖励项，按户、按组，分别统计各项得分，每月召开评比会后，在村委会的评比栏中对每一户进行星级奖励，每季度发放一次奖品，

图 5-5　襄垣县西垴头村十户联创星级文明户表彰大会

推动了村民由“要我文明”向“我要文明”转变。截至目前，西垴头村共开展 15 次小组互评会、4 次道德评议会，评选出 40 户美丽家庭，70 余个孝老爱亲、团结邻里、帮贫扶困先进个人。村里通过“家风苑”广场，将评选出的“十户联创”文明户的家风故事和一批致富带头人、德能兼备新乡贤“晒出来”，教育引导全体村民向榜样学习、向先进看齐，和美家风、文明乡风正在遍布岭上人家。

（三）“听议督”三步走议出民主公正

西垴头村成立了 11 位村民代表组成的村民议事会，村民代表负责收集村情民意，提交村民议事会集中议事。商议内容包括村集体经济项目立项、资产承包，道路、广场、绿化、亮化、煤气、自来水等村级公益事业实施，群众意见反映集中的重点、热点、难点问题等。

村民议事会按照“听议督”三步程序进行。“听”就是会前广泛征求群众意见建议，让村民的真实想法通过村民代表反映表达，使党支部、村委会的决策成为群众的自觉行动，形成了双向良性互动。“议”就是会中围绕议题充分商议，坚持民主集中、集体表决，为民发声、为民议事。“督”就是会后及时将商议结果进行公示，由村监督委员会全程监督村“两委”按照民意要求，执行议事方案，实现了凡是决议的事项必须商议，商议的结果必须成为决策。

村民议事会每月召开一次，议题提前 3 天公示，商议结果当天公开，督办和反馈及时跟进。2018 年以来，西垴头村共召开 16 次村民议事会，对“煤改气”、旱厕改造、清洁取暖等重大事项进行了民主决策监督。村民议事制度在促进干群关系融洽、乡村和谐稳定、社会经济发展方面取得了良好成效，破解了乡村民主协商难题，激发了村民参政议政积极性。

（四）“三动联动”调出和睦平安

一是典型带动，由村内威望高、能力强的老党员老干部和优秀“联创户”组成调解小组，典型引导示范，配合村民调解委员会义务化解村民矛盾纠纷。二是融合促动，各联创小组和村民调解委员会相结合，将重点人员帮教、困难户关爱纳入范围，做到化解隐患不出组。三是保障驱动，矛盾纠纷调处工作列入党支部和村委会年度综合目标考核，年底奖优罚劣。通过“三动联动”将矛盾纠纷化解在萌芽状态，村内打架赌博彻底禁绝，大操大办被有效遏止，尊老爱幼、邻里互助、婚事新办、丧事简办蔚然成风，呈现出安宁祥和的乡村治理正能量。

三、经验与启示

西垴头村“十户联创”乡村治理模式，让村民自治工作可量化、有抓手，小组中相互激励、以先进带后进，大组内评比打分、你追我赶共前进，联评互议的激励机制恰当地处理了“大”和“小”的关系，最终呈现出“十户联合，户户共赢；百户联创，美丽乡村”的良好风貌。

（一）“积分制”量化乡村治理指标

抓党建促基层治理能力提升专项行动开展以来，西埝头村将乡村治理各项事务细化成具体积分指标，围绕“爱党爱国、勤劳致富、诚实守信、遵规守法、团结友善”5个基础评分项和“绿色环保、孝老爱亲、卫生健康、科教文体、移风易俗”5个扩展评分项，每项包含2小项，每小项5分，共100分。按照量化考核的方式，对村民日常行为进行评价，形成积分。

（二）“捆绑式”提升乡村治理效能

每10户结成1个联创小组，每个月召开1次评比会，由各联创小组组长对本组10户进行入户实地考核，将基础项、拓展项依次进行评分汇总，评分结果在村委会评比栏公示。每个小组有一户是最高星，高星级户与低星级户互相结对，以此来推动他们互助增星、互帮创星。每季度召开一次道德评议会，组织村“两委”干部、党员代表、村民代表和“十户联创”小组组长表决评定本季度的星级文明户。

（三）“奖惩制”激发基层自治活力

西埝头村将积分与激励表彰相结合，实行以荣誉激励为主、物质奖励为辅、思想教育为次的激励机制。荣誉激励方面，每季度开展一次表彰会，对评选出来的“星级文明户”“孝敬公婆好家庭”“好媳妇”“好婆婆”，授予流动红旗，并采取“晒”家风故事、公示通报、分享心得等多种方式进行表扬，增强群众荣誉感。物质奖励方面，每季度至少组织开展一次积分兑换活动，积分可兑换洗衣粉、洗衣液、香皂、食盐等日常生活用品，激发村民参与积分评比的积极性。思想教育方面，对积分较低的家庭和个人，将其积分情况进行通报，并针对性开展行为习惯、道德修养等方面的宣传教育和引导。

第六章

生活富裕

第一节　概述
第二节　聚焦产业新方向，文旅康养促增收——晋城市司徒村
第三节　改革农村集体产权，壮大农村集体经济——榆次区什贴村
第四节　党建引领作支撑，凝聚力量同共振——曲沃县里村镇
第五节　创新发展思路，多渠道增收致富——侯马市垤上村

党的二十大报告提出：“中国式现代化是全体人民共同富裕的现代化。”[①]共同富裕的实现离不开农村农民的生活富裕。早在2005年，党的十六届五中全会提出了社会主义新农村建设的总体要求，即“生产发展、生活宽裕、乡风文明、村容整洁、管理民主”。2017年，党的十九大报告提出：“要坚持农业农村优先发展，按照产业兴旺、生态宜居、乡风文明、治理有效、生活富裕的总要求，建立健全城乡融合发展体制机制和政策体系，加快推进农业农村现代化。”从“生活宽裕”到“生活富裕”，反映了我国社会主要矛盾的变化，进一步体现了人民对美好生活的向往。生活富裕就是要让农民有持续稳定的收入来源，经济宽裕、衣食无忧，生活便利、共同富裕。

---

① 习近平:《高举中国特色社会主义伟大旗帜　为全面建设社会主义现代化国家而团结奋斗——在中国共产党第二十次全国代表大会上的报告》，2022年10月16日。

第一节 概述

乡村振兴战略的目标就是要让亿万农民生活得更美好，增强农村群众的幸福感、获得感和安全感。其中，生活富裕是乡村振兴的根本出发点和最终落脚点。随着乡村振兴战略的深入推进，山西省涌现了一批先行先试、率先致富的典范乡村，如晋城市司徒村、曲沃县里村镇等。这些乡村在推进乡村振兴过程中，注重创新，先行示范，成果显著，逐步形成了实现生活富裕的一些优秀经验。比如充分发挥党建引领作用，创新“党建+”模式，坚持系统工作思维，树立党建、业务“一盘棋”思想，做好了乡村振兴抓党建、抓好党建促乡村振兴；比如发展乡村特色产业，拓宽农民增收致富渠道，坚持走产业融合发展之路，因地制宜依靠科技振兴产业；再比如，巩固和完善农村基本经营制度，发展新型农村集体经济，发展新型农业经营主体和社会化服务，发展农业适度规模经营。这表明，农民既是乡村振兴的受益者，也是乡村振兴的主体，实现乡村振兴生活富裕目标，必须把农民群众的积极性、主动性和创造性充分调动起来，从产业、生态、文化、治理等全方位出发，振兴乡村，实现生活富裕。

第二节　聚焦产业新方向，文旅康养促增收——晋城市司徒村

产业兴旺是实现生活富裕的重要途径，产业兴，则百姓富。司徒村立足自身文化资源优势，锚定文旅发展，打造司徒小镇，实现了文化兴、生态美、百姓富的有机统一。

一、基本情况

司徒村隶属于山西省晋城市城区北石店镇。以前的司徒村环境差，村里产业少，没有龙头企业的引领，如今，经过不断转型发展，找到了一条适合自身发展的富裕之路，成功打造了司徒小镇这一响亮的名片，村庄环境干净整洁，村民生活富裕殷实。以司徒村为依托建立的司徒小镇是一家集特色餐饮、休闲娱乐、农耕体验、旅游购物、精品民宿、文化演艺等为一体的综合型旅游景区，是全国首个农民演艺小镇。司徒小镇经过五年的探索与实践，彻底改变了农民“面朝黄土背朝天”的固有形象，开创了国内首家农民自创、自编、自导、自管、自营的发展模式，是引领中国文旅行业发展的创新之举。司徒小镇以其“特色小镇”发展模式，带领司徒村由 1 村的高速发展，联动周边 6 村共建山西省农林文旅康产业融合示范区，推动所在地区乡镇联创国家级新型城镇化综合试点。“旅游演艺 + 文旅小镇”这一模式的落地实现了经济效益和文化品牌的“双丰收”，目前司徒小镇已发展成为“老山西民俗印象基地，新晋城美食旅游地标”。小镇对外开放以来，司徒村和司徒小镇先后获得 2019 年第一批“全国乡村旅游重点村”、2019 年首批“山西省 AAA 级乡村旅游示范村”“山西省休闲农业与乡村旅游示范点”“山西省十佳品质旅游休闲娱乐项目”“山西省农林文旅康产业融合发展示范区”“中国 · 山西（晋城）

康养产业发展大会永久会址”“山西省省级夜间文化和旅游消费集聚区”等荣誉称号，为人们呈现出“梦回五千年、又见老山西”的文化盛宴。这个被称为“老山西民俗印象基地”的小镇，正在以民俗文化吸引着越来越多的游客。2019 年，司徒村接待游客 360 万人次，旅游总收入 1 亿多元。

二、主要举措及成效

司徒村是典型的旅游村。司徒村通过深挖文化内涵，将煤、铁文化深度融入旅游发展中，打造司徒小镇特色 IP，依托文旅融合，延伸产业链条，为村民提供多种就业机会，多渠道增加了村民收入。

（一）挖掘特色乡村文化，助力生态消费升级

乡村文化是中华优秀传统文化的重要部分。中国悠久的农业历史创造了发达持久和长盛不衰的传统文化。挖掘和重拾传统乡土文化的多元价值、发挥优秀乡土文化对乡村富裕的推动作用，也是乡村振兴战略实施的重点内容。当前，各地乡村旅游不断提档升级，不少乡村在展现本土文化魅力的同时，也在朝着个性化的方向积极探索，打造的新景点、新玩法成了引客“下乡”的新卖点。也因此，深厚的山西文化底蕴，独具特色的山西“铁文化”“酒文化”“醋文化”“煤文化”等融入山西特色和地方韵味的文化元素，更能够让乡村旅游不仅“土”得有趣味，让文化变得更加亲近和可触摸，而且“土”得有价值、有市场、有客源，赋予乡村旅游长久生命力。

司徒小镇的发展，最早从生态园改造开始。2009 年，司徒村在通过村办塑料制品厂、琉璃瓦厂、饮料厂等发展村级集体经济的基础上，投入资金 2.6 亿元，在村南的矿渣山上启动现代都市农业示范园区建设项目。司徒村从网络游戏“开心农场”中获得灵感，将本村废弃的矿用地和垃圾填埋场进行改造，以打造现实版市民生态体

验园为目标，改造完成了200亩的现实版“开心农场”，让市民认领种植，三天内就被抢购一空。在现实版“开心农场”里，可以看到整齐排列的蔬菜大棚、原木搭起的长廊、砖砌小路、生态农田。司徒小镇“开心农场”让现在的城里人体验到了农耕的乐趣。市区居民可以在农场内认领土地，种上自己喜爱的蔬果，农场有专门的工作人员负责打理，市民只需在成熟时期采摘自己种植的蔬菜即可，还可在节假日徜徉在这里，呼吸田野的气息，感受自然的魅力。后来村里又打造了“开心牧场”。作为开心农场的一部分，开心牧场内养有孔雀、鸡、鸭、鹅等动物，让市民和孩子能更加直观地感受到乡村文化与田园之乐。经营模式的创新，有效带动了土地增效、农民增收，每亩地年均收益提高了50倍。为适应发展要求，寻求新的突破，村里将生态园进行升级、定位，更名为“司徒小镇”。

山西是煤和铁的故乡，而深耕千年的泽州铁文化从春秋起传承至今，打铁花的民俗绝技演绎了她最动人的一面。2016年，司徒小镇通过对地方文化“9头18匠”煤铁故事的传承，汲取古老铁花表演的精髓，打造时尚文化情景剧沉浸式互动演出——《千年铁魂》。《千年铁魂》是国内规模最大最具震撼力的煤铁实景剧，剧情展现了千百年来晋城冶铁业的发展史，司徒小镇在原有的民间打铁花表演的基础上，融合最先进的3D灯光效果，千人演绎，火树璀璨，像千万朵金花耀眼绽放，像千万条火龙吐纳舞动，演绎出一场唯美浪漫的铁花秀，呈现出了一台视觉盛宴。铁花秀表演让演绎产品有故事，让故事活起来，用内容增加关注度、促进消费，成为国内独树一帜的文化品牌。

同时，司徒小镇还开发了实景剧《又见老山西》，浓缩了山西千年真实的市井生活。该剧包括长平之战、王家大院、洪洞大槐树移民等情景。同时用行走式观演方式，让观众穿梭于酒馆、醋坊、当铺、铁匠铺之中，找寻数千年前的山西味道。

在文化演艺的同时，依托千年古村落的优势，司徒村还先后打造了具有晋东南旧时乡土气息的“老锅巷”和以晋城老黄花街为原型的明清仿古街巷“六尺巷”。“老锅巷”恢复了村里的明清院落、街道，漫步其中，随处可见磨盘、水井、菜地，不时看到馒头铺子、山楂茶摊子、卖茶叶蛋的小贩，穿越明清古街，游人可以品尝特色小吃，体验民俗风情，漫步古街老铺，欣赏吹糖人、沾糖画等传统手工艺以及失传的老作坊文化。民俗绝技的表演，既能够吸引游客，也可以拯救即将消失的老手艺，传承富有晋城特色的非遗文化。在 2 条长各 285 米的“六尺巷”里，200 多个店面、800 多种小吃，满足游客口腹之欲的同时，还原了山西市井文化生活，激活了人们对乡村文化的记忆。明清街上走一遭，既是民俗文化游，也是美食文化游。

图 6-1　司徒小镇巡游演出

2018—2020 年，司徒小镇结合春节市场特点及司徒小镇旅游资源特性，采用主题化策划，深入挖掘山西的民间艺术，加上景区的提炼和融合，依次以“地道山西年”“奇趣山西年”“抖动山西年”为主题打造独具一格的山西年系列 IP。活动期间，超过 300 种民俗表演项目呈现在游客面前，包括民间传统的划旱船、舞龙舞狮、踩高跷、扭秧歌等巡演，还有山西花馍、剪纸、面人等非遗手工制作等。司徒村以丰富的民俗文化活动及丰富活动内容为核心，结合山西五千年欢乐园“骑驴坐轿乘骆驼”等充满趣味的体验项目，以大影响、高体验、自传播的活动理念，进一步巩固提升了司徒小镇在春节旅游市场的品牌影响力。

（二）聚焦政策引领支撑，赋能乡村产业发展

旅游演艺是近年来文化和旅游融合发展的典型业态之一。在政策层面而言，文化和旅游部支持打造一批有示范价值的旅游演艺品牌。2019 年，文化和旅游部出台《关于促进旅游演艺发展的指导意见》，标志着我国首个促进旅游演艺发展的文件面世。《意见》指出，“引导旅游演艺经营主体充分挖掘中华优秀传统文化中的核心思想理念、中华传统美德、中华人文精神，运用丰富多彩的艺术形式进行当代表达，推出一批底蕴深厚、特色鲜明、涵育人心的优秀作品”，同时“支持革命老区、边疆地区、民族地区特别是深度贫困地区结合脱贫攻坚目标，因地制宜打造具有地域特色的旅游演艺节目，吸收当地群众参与经营服务”。“支持各类经营主体利用室外广场、商业综合体、老厂房、产业园区等拓展中小型旅游演艺空间……鼓励开发设计与品牌旅游演艺密切相关的服务、道具、工艺品等衍生产品”。在乡村文旅振兴的大背景和大趋势下，乡村已成为旅游演艺的天然舞台，一大批有“土味”又有“品位”的美丽乡村、特色小镇、网红打卡地走入大众视野，推动乡村文化旅游的升级，并成为当地

乡村游的“金字招牌”，为乡村振兴“添金”又“增彩”。

在政策支持的基础上，谋划一个新产业，对接一群新业态。不论是特色小镇，还是乡村振兴，必须产业先行。产业的发展必须是“产业系＋业态群”，只有这样，才能够成为一种经济模式，才是当地政府谋划的关键点。从市场层面而言，旅游演艺处于快速发展的时期。随着实景旅游演艺、主题公园演艺、剧场旅游演艺等演艺形式的出现，随着“印象”系列、“千古情”系列、“山水盛典”系列、“又见”系列等标志性演艺品牌的火爆，旅游演艺产业充满新意和活力。但随着这一产业的高速发展，有不少游客觉得上述文旅演艺产品缺乏新意，同质化严重。近年来，司徒村依托“旅游演艺＋乡村振兴”这一模式，积极探索农、林、文、旅、康等多种业态融合发展，聚焦“旅游＋文化”“旅游＋产业”“旅游＋体验”“旅游＋演艺”“旅游＋展销”等，相继推出实景演出《小二黑结婚》《衙门断案》《当家大掌柜》《千古风流一坛醋》等文化和旅游融合新项目，共同组成以《千年铁魂》《又见老山西》为代表的八大乡村文旅演艺，用文化艺术的魅力吸引游客。在农民原创基础上，形成农民自编、自导、自演、自管、自营的核心竞争力，真正激发了乡村文旅发展的本真活力。司徒村建成占地面积6万余平方米的山西汾酒文化体验展览馆、山西醋文化体验展览馆和晋城非遗铁锅生产体验馆三大体验项目，让游客深度了解山西特产和地域文化；打造了六尺巷、驿后古街、非遗民俗街3条文化特色街区，丰富游客的旅游体验；还推出了动物园、栖嬉园、戏雪乐园、蝴蝶谷等，多种休闲娱乐产品层出不穷，多维度完善了旅游业态，实现了产业链延伸、价值链提升、创新链形成。目前，司徒小镇已成为一个集农业观光、特色餐饮、休闲娱乐、旅游度假、体验教育、文化创意、演艺传媒、康养度假等于一体的多功能生态产业园区。2021年，司徒村启动了“2021乡村文旅项目与乡村振兴标杆投资计划”并与湖南省宁乡市道林古镇签约，迈出了品牌输出、产业盘活、托管运营、共同实现乡村振兴的第一步。

三、经验与启示

近年来，司徒小镇立足产业兴旺“富口袋”这一思想，围绕文旅康养新兴产业，不断改善生态环境，挖掘当地特色文化，大胆创新，在乡村振兴战略实施过程中，敢于尝试，主动先行，为通过乡村旅游产业发展推动农民生活富裕积累了成功经验。

实现生活富裕的关键是要产业兴旺。要想实现生活富裕，必须有产业支撑。要依托当地乡村特色优势资源，打造农业全产业链，因地制宜选择富民产业。山西各地资源禀赋、文化习惯等不同，自然环境也有所差异，只有因地制宜发展产业，才能够让乡村发展从“输血”转向“造血”，激发乡村振兴的内生动力。因此各地都要深入挖掘自身优势，立足特色资源，发展优势产业，促进一二三产业融合发展，乡村振兴的动能才能更加强劲，广大农民的生活也才能更加富裕红火。近年来，司徒村立足于当地旅游资源禀赋，不断挖掘乡村记忆和历史故事，大力发展文旅康养产业，创建旅游示范区，不断推动旅游产业转型升级，带头孵化新兴经营主体和农业产业新业态，进一步延伸产业链、提升价值链、完善利益链，带动了乡村群众就业，刺激乡村消费，增加了农民收入。

实现生活富裕离不开政府的政策支持。政策引领是生活富裕的动力，政策一头连着党和政府，一头连着人民群众，好的政策能够激发农民热情，充分调动起农民的积极性、主动性和创造性，释放出磅礴力量，增收致富，促进发展。近年来在政府政策的支撑作用下，司徒村依托“旅游演艺＋乡村振兴”模式，积极探索农、林、文、旅、康等多种业态融合发展，不断推出文化和旅游融合新项目，展现了乡村文旅发展的生动活力。新时期，继续出台和完善好政策，引领乡村发展，带领百姓致富，既是群众的呼声，也是时代的需要。

第三节 改革农村集体产权，壮大农村集体经济——榆次区什贴村

改革是乡村振兴的重要法宝，要通过改革破除体制机制弊端，突破利益固化藩篱，推动农村发展不断向纵深推进，让农村资源要素活化起来，让广大农民积极性和创造性迸发出来。什贴村积极推进农村集体产权改革，盘活了大量土地资源，引进了一批龙头企业，走出了一条生活富裕之路。

一、基本情况

什贴村位于榆次区东北部的丘陵旱垣区，素有榆次“北大门”之称，是榆次五大古镇之一。什贴村土地资源丰富，但呈现零星分散、沟壑纵横的特点，难以规模化发展。如今，通过“五地一产”入市改革，引进龙头产业，发展什贴小米品牌，借助耕地多、林地多、荒山荒坡多的优势，将资源整合，实现了农民增收和生活富裕。

二、主要举措及成效

榆次区什贴村以改革为先，深化土地改革，激活农村各类资源要素，将资源变为资产，增加了农民财产性收入。与此同时，积极引进企业和项目，通过龙头带动，不断增加农民就业收入。

（一）深化土地制度改革，引企业拓收入

“五地一产”是指农村集体非承包耕地、林地、“四荒”地、集体经营性建设用地、宅基地和集体经营性资产。“五地一产”入市改革，即通过深化农村集体产权制度改革，把闲置的、低效的农村集体资源资产挖掘出来、统筹起来，实现市场化流动，吸引工商

图 6-2　榆次什贴村二月兰花开

资本、科技和人才上山下乡，推动各类要素向农村聚集，使资源变资产、农民变股东，壮大村级集体经济，增加农民财产性收入，为推动乡村全面振兴奠定基础。近年来，什贴村扎实推进“五地一产”入市改革各项工作，用改革盘活农村资源资产，激发乡村振兴活力，有效促进了农民增收。

在“五地一产”入市改革中，什贴村通过集中流转、抱团发展的土地利用方式，依托乡村振兴示范廊带建设，以村庄为单位，以古镇文化为依托，围绕古官道重建，实施了小五台休闲旅游景区、黄土农言文旅康养、小寨传统古村落保护项目等，有效盘活了农村闲置资源，让沉睡的资源资产变成了村集体和农民增收的源头活水。通过“五地一产”入市改革，什贴村盘活了大量的闲置土地资源，吸引了数家工商企业进行投资建设。如今，荒山变青山，生态效益更加显著。该镇在山庄头村小五台生态庄园打造了森林康养基地，通过实施文昌沟地质灾害隐患治理及综合开发项目实现激活村集体资源资产和消除地质灾害隐患双赢。通过引入黄土农言项目，对小寨古村落进行保护开发，维修了神栖宫、吕祖坛等古建筑文物，保护了小寨悠久的农耕文化遗存。全镇通过推进“五地一产”入市改革，共引进 14 家企业，增加集体经营性收入 1082 万元。

（二）龙头带动强村富民，促就业创增收

没有龙头企业带动，无论是农产品生产，还是农产品加工，或者是旅游业，都难逃“散小乱”的问题，规模、质量和效益都无法提升。什贴村重视龙头企业作用，积极发挥龙头企业在产业融合中的作用，走市场化道路，采取公司化运作。依托德御、丰润泽、华顿、国泰等龙头企业集中连片流转土地，将传统种植模式转变为集中连片种植，从散户种植转变为全程机械化规模化经营，优化了产业结构，提高了土地资源利用率，做大做强了农业产业链。

什贴村依托独特的地理气候特点，立足产业优势，引进华顿公司集中流转耕地2000 亩，大力实施标准化示范化有机旱作谷子种植。同时，开展文昌沟地质灾害隐患治理，并以“以地入股”的形式进行综合开发利用，以股份分红增加村集体经营性收入，将荒山荒沟的地质灾害隐患治理转变为村集体经营性收入，激活了村级集体经济发展内生动力。

什贴村通过龙头企业带动，构建“龙头企业 + 农户”模式，将农民无力经营或不愿经营的土地进行流转，盘活土地资源，使农村一大批劳动力从粗放型农业生产中解放出来，农民变为工人，村民收益更丰富。原来的种植户既可以进城务工，也可以受雇于企业，不仅可以挣工资还可以享受资产分红。全镇已有 195 户劳动力通过这一途径实现就业，每年可增加农民财产性收入 220 万元。

（三）项目建设为抓手，树品牌提长效

什贴村属于丘陵旱垣区，高寒、干旱的气候条件造就了什贴小米的优良品质。什贴小米很有名，但当地农民一直坚持传统种植，不成规模，没有标准，生产销售都是各自为战、单打独斗，这导致什贴小米价格始终卖不上去。为此，什贴村积极引进华顿公司参与项目建设，大力培育“什贴小米”品牌。

华顿公司充分利用什贴独特的气候条件和深厚的人文底蕴，在以什贴村为中心的城镇范围内，实施镇、村、企联合模式，打造“华顿什贴农业综合体”，建立起山西（什贴）小米有机旱作全程机械化标准化示范基地。该项目以“有机、循环、优质、高效”为宗旨，通过引进新品种、新机械、新技术的“三新”开发模式，高标准规划，高质量发展，品牌化打造，标准化运作，科学化管理，机械化操作，

图 6-3　榆次什贴小米种植基地

规模化发展，产业化经营。通过项目建设，推动了什贴村从传统的一家一户单独的散户种植模式到全程机械化、规模化、集约化的现代农业经营模式转变，降低了农业生产成本，提高了土地资源利用效率，带动了农业结构的调整优化，做大做强了农业产业链，为发展林果、杂粮产业生态链的发展模式提供了可能。2018 年，华顿公司“什丰谷”小米通过了我国绿色食品认证，并入选国家粮食局“中国好粮油”项目。在什贴首届开镰节活动中，中国品牌促进会授予什贴“中国金黄米之乡”称号，打造了“什贴小米”地域品牌。经过对“什贴小米”的品牌推广，什贴小米销售价格从原来每千克约 8 元提升为每千克约 16 元，农民收入大大增加。

（四）治灾害改生态，强基建拓收益

一个农业综合体，就是一个产业集群。农业综合体是农业产业化发展的新经济模式，是以农业为载体实现土地集约化综合利用，完善产业链和价值链配置，形成较强的聚集效应和辐射能力。为改善什贴村入村道路商业桥南北两侧文昌沟边坡崩塌、路面沉陷等地质灾害隐患和垃圾遍布、污水横流的脏乱环境，同时促进文旅融合开发，提升村民收入，什贴村联合华顿公司共同规划实施文昌沟地质灾害隐患治理及综合开发项目。

根据规划，清理后的文昌沟深 36 米，计划回填 29 米，与地面留出 7 米的落差，届时将在沟底进行整地改造，建成“明清一条街”，打造新的“官道巷”，建设一个集文化旅游、休闲娱乐、购物健身于一体的新景点。华顿公司将用十至十五年时间，循环投资 35 亿元，打造有机旱作循环农业、田园观光文化旅游、温泉度假旅居、生态休闲康养四个重大项目，在全镇范围内规划建设 9 个温泉度假村、9 个森林康养小镇、9 个居民安置区、9 处荒山荒沟综合治理点、9 条文旅路联通景区。该项目涉及什贴村“五地一产”中的耕地面积约 2.3

万亩，集体非承包耕地500余亩，林地1万余亩，荒地1.2万余亩，建设用地3000余亩，集体经营性建设用地500余亩，闲置宅基地和现住宅基地2000余亩，经营性资产约500万元。在这一项目中，什贴村以地入股，以股份分红增加村集体经营性收入，不仅使得什贴村环境面貌大改善，也使村民的口袋鼓了起来。

目前，通过近三年的努力，华顿公司已在什贴村建成2000亩的杂粮有机旱作基地和优质水果栽培基地，什贴文昌沟地质灾害治理已完成60%的工程量，华顿农业功能食品研发中心建设用地已向相关部门报批，什贴玉龙文化广场已基本完成基础设施建设。

三、经验与启示

近年来，什贴村通过农村集体土地改革，盘活大量土地资源，增加了村民的经营性收入；重视龙头企业作用，集中连片流转土地，实现了全程机械化规模化经营，做大做强了农业产业链，推动了村民就业，增加了村民的财产性收入；通过龙头企业参与项目建设，树立农业品牌，提高了农产品的销售价格；又积极改善生态环境，完善乡村基础设施建设，带领村民走向生活富裕。什贴村能够在推动乡村振兴生活富裕的过程中先行先试、卓有成效，主要是做到了以下几点：

注重深化农村土地制度改革，赋予农民更加充分的财产权益。巩固和完善农村基本经营制度，发展新型农村集体经济。土地经营权入股，是深化农村土地制度改革的一项重要举措，也是发展壮大集体经济、促进农业适度规模经营、实现小农户和现代农业发展有机衔接的重要途径。近年来，什贴村积极推进“五地一产”入市改革，把闲置的、低效的农村集体资源资产挖掘出来、统筹起来，实现市场化流动，吸引工商资本、科技和人才上山下乡，推动各类要素向农村聚集，使资源变资产、农民变股东，壮大村级集体经济，增加农民财产性收入，为推动乡村全面振兴、农民全面富裕奠定了要素基础。

注重以项目建设为支撑和抓手，为乡村富裕夯基垒土。新时期，农业发展正加快由传统农业向现代农业转变，在这个转变过程中，调整农业发展思路，创新农业发展方式，以市场、工业理念谋划农业是解决当前“三农”问题的重中之重，也是实现乡村振兴生活富裕目标的关键。要不断加强项目建设，以基地研发、生产形成标准化数据化，打造特色农业品牌，向周边地区乃至全国发展加盟连锁，使乡村经济作物品质提高，为农业合作社带来可观的经济效益。要不断培育特色产业，发展“订单农业”，增加农民收入。要延长农产品产业链和价值链，推动农业产业结构转型升级。近年来，什贴村积极引进华顿公司参与项目建设，实现了科学化管理和规模化经营，降低了农业生产成本，提高了土地资源利用效率，做大做强了农业产业链，正是对上述以品牌打造、链条延伸、转型升值为核心的强农富农路径的成功实践。

注重科学的乡村规划建设。科学规划是实现乡村富裕的重要前提。2022 年发布的《乡村建设行动实施方案》中提出，乡村建设是实施乡村振兴战略的重要任务，也是国家现代化建设的重要内容。规划指出，要严格保护农业生产空间和乡村生态空间，牢牢守住 18 亿亩耕地红线；要建立政府组织领导、村民发挥主体作用、专业人员开展技术指导的村庄规划编制机制，共建共治共享美好家园。要实施农村人居环境整治提升五年行动方案，要统筹农村改厕和生活污水、黑臭水体治理，因地制宜建设污水处理设施；健全农村生活垃圾收运处置体系，完善县、乡、村三级设施和服务，推动农村生活垃圾分类减量与资源化处理利用，建设一批区域农村有机废弃物综合处置利用设施。什贴村通过“五地一产”入市改革，盘活了大量的闲置土地资源，也吸引了数家工商企业进行投资建设，创建了大量文旅康养基地，增加了农民收入。同时，仁贴村联合华顿公司共同规划实施文昌沟地质灾害隐患治理及综合开发项目，排除了地质灾害隐患，解决了垃圾遍布、污水横流的脏乱问题，促进了文旅融合开发，提升了村民收入。

第四节　党建引领作支撑，凝聚力量同共振——曲沃县里村镇

实现乡村振兴，必须坚持党的全面领导，突出党建引领，充分发挥党的政治优势和组织优势。曲沃县里村镇通过“党建＋”的形式，不断整合资源，凝聚共识，走出了一条党建引领的富裕路。

一、基本情况

里村镇地处曲沃县境西北隅，北依垆顶山，西临汾河水，素有“曲沃北大门”之称。境内地势北高南低，北部属丘陵旱塬区，南部属平川沃土区。镇域土地资源丰富，盛产小麦、棉花、玉米、红提葡萄、辣椒，其中红提葡萄、辣椒产量居全县之首。实施乡村振兴战略以来，里村镇将党建引领力有效转化为农村发展活力，立足自身自然资源禀赋、历史文化特点和产业发展现状，因地制宜，制定产业发展规划，按照“农业园区化、农旅一体化”的理念，发展壮大村级集体经济，带动群众持续增收。

二、主要举措及成效

曲沃县里村镇依托“党建＋”不断拓宽村民收入，探索出“党建＋集体经济”“党建＋专业合作社”“党建＋乡村旅游”等模式，为实现农村居民生活富裕提供了多种途径。

（一）发展“党建＋集体经济”，实现农村集体资产“清化收”

自曲沃县农村集体资产“清化收”专项行动开展以来，里村镇全面落实县委工作要求，坚持问题导向，聚焦关键重点，围绕“底数摸得清、债务化解掉、费用收上来、潜力挖出来”总体目标，以四个硬核举措扎实推进农村集体经济发展壮大提质。

一是组织领导硬核。里村镇高度重视此次农村集体资产“清化收”专项工作，成立了由镇党委书记任组长的“清化收”工作专班，主要领导先后 6 次主持召开工作推进会，组织片区负责人及包村干部落实摸排走访要求，全面听取群众意见建议。按照重点工作和主要流程，编制《里村镇农村“清化收”专项行动进度表》，采取“日报告”形式对 13 个行政村合同清理、债务化解等进度情况进行通报。同时，多次召开镇、村两级动员会，组织北、中、南 3 个协

图 6-4　里村镇党员先锋队田间地头讲党课

作专班“走村入户”开展政策宣讲，变被动清理为主动清理、变上级要求为村民自觉，营造出“清化收人人参与，村发展户户受益”的良好氛围。

二是工作推进硬核。里村镇在“清化收”专项行动中明确目标任务，采取“镇主导、村主体”工作机制，镇党政班子成员集体下沉一线，对每一份合同、每一块土地、每一名当事人的详细情况进行逐村排查、逐件过筛，组织经管部门对各类集体经济合同的合法性、合规性进行全面审查；村“两委”严格执行“四议两公开”决策程序，通过设立征求意见箱、发布“智慧村务”公开事项等多种形式，上下联动凝聚起了工作合力。在实际工作中里村镇坚持“因地制宜、一村一策”原则，创新运用“试点先行+整体推进”和“集中调度+个案分析”工作模式，力促农村集体经济轻装上阵、满血复活。截至目前，在“清化收”的摸底工作中共收回合同1024份，涉及集体土地5185.18亩，增加收入17.5385万元，化解农村债务12.465万元，为全面推进乡村振兴奠定了坚实基础。

三是纪律风气硬核。里村镇在“清化收”专项行动开展中，坚持把纪律和规矩挺在前面，注重宣传在先、引导在先、预防在先，牢固树立依法推进意识、规范实施行为。严格落实“清化收”相关政策镇机关干部必知、村“两委”成员必知、村民小组长必知、党员必知、村民代表必知等“五必知”，聘请1名专业法律顾问全程指导村级工作开展，切实把法纪讲明、把要求讲清、把政策讲透。印发了《里村镇农村集体资产“清化收”专项工作方案》，整合纪检、组织、公检法等多方力量，畅通监督渠道，着力化解一批矛盾问题、排除一批风险隐患。镇纪委对各村“清化收”重点环节实行全程监督，以“零容忍”态度严查违纪违法行为，综合运用“调度+汇报+排名”工作机制，对连续三日排名后三位的行政村予以全镇“曝光”，坚决杜绝思想不重视、履职不到位、整治走过场、效果不明显等行为，切实营造实干担当的工作环境。

四是产业布局硬核。为扎实做好“清化收”专项行动后半篇文章，里村镇加快土地流转步伐，全镇各村已累计流转土地2500亩积极构建“四区+N园”现代农业产业体系，即整合扩建中立村葫芦园区、新定村牛膝种植标准示范园区、里村牛蒡种植标准示范园区和基本农作物良种培育示范园区，加快培育以艾草、无花果、牛蒡、牛膝种植等为代表的集体农场、专业大户等新型经营主体，力争形成“一村一园”的农业产业格局。采取“平台+政策”资本运作模式，专门成立镇级集体经济发展分公司，进一步明确了经营主体、盘活了集体资产、做大了资金拼盘，充分发挥村级职业经理人、农林牧渔专家团队及“田秀才”“土专家”等能人作用，与农户“面对面”“零距离”开展农技指导和跟踪服务，切实增强了集体经济抗风险的硬实力，不断积聚农村发展的后劲。

（二）推广“党建+专业合作社”，实现“一村一产”

里村镇里村是传统的农产品种植村，为实现农村土地效益最大化，让农民口袋鼓起来，在里村镇党委、政府的领导下，里村围绕产业兴村，以牛蒡种植园、牛蒡加工坊、特色文化园等全产业链提升为主题，积极筹划创建牛蒡产业园，促进牛蒡品质向高端提升、市场向高端拓展、深加工产品向高端转型，“探”出了一条增收致富路，通过不断摸索，牛蒡园区种植户从“门外汉”成为了“内行人”，经济效益也逐渐显现。牛蒡园区种植面积500亩，其中村委会有100亩，这100亩给村里带来的最低纯收入是50万。另外，带动老百姓发展了150亩，合作社发展250亩。在老百姓当中收入多的达到了18000多元，其余的都达到了1万元，不仅能壮大集体经济，还能带动老百姓就业、增加收入，提高了里村人民群众的生活水平。

距离里村不远的中立村，有个小有名气的“爱心葫芦园”。近年来，里村镇中立村按照“支部引领、合作社带动、农户参与”的方式，整合流转土地80余亩，建设百亩葫芦种植基地，积极发展葫芦产业，让葫芦变身致富新“法宝”。园区以全村脱贫户的土地和劳动力入股，吸纳了本村妇女就近务工，有效防止了脱贫户返贫，还大大增加了集体收入。

里村镇还把发展“里丰葡萄”作为带动村民增收致富的有效途径，利用当地资源优势，扶持专业合作社，组建葡萄种植协会，引进优质葡萄品种，开展种植技术培训，加大产业投资力度，提高农户种植水平。曲沃县里村镇早在2006年11月就成立了果丰葡萄种植专业合作社，纳入社员108户，主要经营范围是葡萄种植、存贮、销售。果丰合作社成立以来，坚持走以服务社员为宗旨、以共同利益为目标，延伸产业链条，扩宽增收渠道，充分发挥引领作用。2008年，合作社投入211.8万元，注册“里丰”品牌商标，成员种植面积7000余亩，年生产葡萄1.4万余吨，辐射带动里村镇1.3万亩果园的标准化生产。合作社引领种植户在葡萄生产上改变篱架生产模式，采用“V”型架生产，引进葡萄避雨技术，降低农药使用量，种植出的葡萄品质优良，颇受好评。村民们切切实实尝到了“里丰葡萄”带来的甜头。合作社还新建了一座可容3000吨水果蔬菜的冷藏保鲜库，配套了1200平方米的分拣包装场地，计划对葡萄进行分拣冷藏，在葡萄市场淡季保证供应，为社员增收提供有力保障。经常聘请专家，对农户进行种植技术培训。在销售方面，积极外出拓展市场，葡萄已销往北京、合肥、郑州等城市。在多项措施的推动和各方的努力下，里村葡萄先后获得了“全国第九届葡萄优质奖”和“山西农产品畅销奖”，2011年被原农业部认定为无公害农产品、无公害葡萄产地。

2018 年，成功取得了原农业部“曲沃葡萄”地理标志保护认定证书，并荣获国家级示范合作社。

里村镇新定村耕地面积 3750 余亩，主导产业以种植业、建筑和运输业为主，集体经济收入以集体土地发包出租为主。通过党建引领，因地制宜发展中药材产业，壮大农村集体经济，真正实现了民富村强。其一，新定村紧抓党建不放松，推行党员分类量化管理，拓展服务平台，设立建言献策栏，及时采纳合理建议；志愿服务队采取认领岗位、定期服务等方式，开展各类公益服务，还大力完善各项基础设施：设置图书阅览室供村民学习农业种植知识；设立村便民服务中心帮助困难村民解决难题，促进了全村各项事业的开展，也筑强了基层组织的战斗堡垒，激发了党员干部干事创业的活力。其二，为了让村民钱包“鼓起来”、集体经济收入“涨起来”，村“两委”干部积极探索发展新路子，坚持“因地制宜、持续稳健”的原则，利用临近高显水库的优势，铺设水利主管网及滴灌设施 5000 米，发展以多样化中药材标准示范种植园为基础的主导产业。流转土地 500 余亩，通过村“两委”干部及村民代表商议，经过多方考察，从河南南阳引进牛膝、桔梗、连翘 3 个品种的中药材种植项目，目前已分别种植 100 余亩，进一步拓宽产业发展渠道，带动群众增收致富，增加集体经济收入 80 余万元。其三，村“两委”还积极改善农村人居环境，安装太阳能路灯 120 余杆，解决村民夜间出行不便的问题；先后实施卫生厕所改造 421 户，拆除、安装燃气锅炉 410 台，清洁取暖“煤改气”工作推进力度居全县各村前列。

里村镇文明村，在过去因土地贫瘠被戏称为曲沃县的“西伯利亚”，又因村里人心不齐、村貌不洁被戏谑“文明村不文明”。现如今，村子旧貌换新颜，产业丰、文化兴，文明村成了名实相符的“文明村”。文明村“两委”班子通过多方考察，流转土地 120 余亩，组建了爱心葫芦园，种植“山西大亚腰”葫芦，并聘请农业专家统一指导种植施肥、测土配方，确保葫芦品质，产品由山东、河北企业按照市场价实行统一收购、统一销售。该园区采用“企业 + 合作社 + 农户”的方式，吸纳部分妇女就近务工。同时，葫芦园里还养殖奶羊、种植蔬菜，形成立体产业模式，鲜奶和蔬菜免费供应给困难群众。在此基础上，该村将发展目光放在葫芦产业链的延伸和农旅融合上，将葫芦经过去皮、晾晒、打磨以后，制作成工艺品进行销售。同时，依托葫芦特有的文化魅力以及乡村旅游、农家乐等新业态，打造有品位的葫芦景区，吸引更多游客。产业的发展促进了文明村生活条件的改善。在村“两委”班子带领下，文明村相继完成了村口牌楼、村委会办公室、综合文化服务中心、村通天然气等硬件基础场所建设，相继完善了农村党员干部现代远程教育活动室、农业理论技能讲学所、便民服务中心、新时代文明实践站、退役军人服务站、农家书屋等学习活动场所，还成立了民事调解委员会、志愿者服务队、民兵应急连、道路交通安全劝导队等基层服务队伍，大大提升了群众的获得感、幸福感、安全感。2020 年，文明村开辟“文化墙”作为传播社会正能量的有效载体，图文搭配，一画一风景、一墙一新意，绘制内容涉及勤政廉政、诚信孝义、文明行为规范等，让村民在潜移默化中接受社会主义核心价值观及优秀传统文化的熏陶。该村多次获得县级先进基层党组织、老龄工作先进集体和临汾市“妇女之家”示范点等荣誉称号。

（三）组织“党建 + 乡村旅游”，拓宽村民增收渠道

朝阳沟景区位于里村镇朝阳村，是国家 3A 级景区。朝阳沟在镇党委、政府的带领下，通过多年的荒沟荒坡治理、翻修道路，不断完善基础设施建设，说服农户自愿把地流转出来支持村里搞旅游开发，景区的建设如快马加鞭，时至今日，朝阳沟早已今非昔比。

这个总占地 2000 余亩的景区依托远近闻名的西沟遗址而建，形成了以西沟遗址为主的远古群落区、以朝阳古街为主的明清古建区、以特色古驿站为主的驿站文化区、以民俗窑洞为主的现代休闲区等组成的“四区二十景”整体格局（“二十景”：指西沟遗址、农耕体验园、古县衙、古驿站、石牌坊、观景亭、竹林迷宫、石桥景观、窑洞康养中心、休闲垂钓园、福泽瀑布、朝阳古街、百果园、张坊纪念馆、荷塘红莲、日月潭、驿站历史博物馆、美食古街、沃国春光园、采摘园）。沟内地势蜿蜒、水资源丰富，有独特的小气候环境，为游客休闲体验、生态养生度假旅游提供了良好的自然条件。景区基础设施完善，满足了村民和游客多样化的需求。小桥、流水，奇石、花草；栈道、古街，民宿、驿馆……依托朝阳沟景区发展起来的朝阳村服务设施配套齐全，国道、乡道、村庄沿途及景区内部均设有完备的旅游标识；景区内建有旅游集散区域、公共卫生间和大型停车场。古色古香的游客综合服务接待中心，可以为游客提供景点售票、宣传推介、导游讲解、咨询投诉、行李寄存、医疗救助等服务。景区内建有的百姓大戏台、休闲广场、沃国春光园等，极大地满足了游客的游玩需求。朝阳村村委会认识到，如果仅仅有西沟遗址文化、驿站文化还不足以吸引“回头客”，特别是年轻人，需要打破僵化思维的束缚，在传统文化基础上增加新的内容。正是在这样的思路指引下，朝阳沟景区相继增加了网红桥、水上乐园、体能训练等游乐项目。尤其是朝阳沟景区的啤酒节更是人气高涨，吸引了侯马、襄汾、翼城等周边县市和曲沃县城的游客纷至沓来。夜幕下，游玩消夏的游客们逛完景区，喝啤酒、撸串、嗨歌，为“刘记砂锅”这样的铺面带来了“桌桌爆满”。2018 年景区被评为国家 3A 级景区，朝阳村被确定为“省级美丽宜居示范村”。如今随着景区四期工程的相继实施，渐成规模的朝阳沟景区知名度越来越高，客流量越来越大，很多人在景区

图6-5 曲沃县朝阳沟景区——驿站陈列馆

里租门面房，开起了小店，生意做得红红火火。

在朝阳沟景区不断发展壮大的基础上，村“两委”以“旅游+”为指引，积极引导村民改变传统耕种模式，在景区种植了双季槐、油菜共计500余亩，同时建设了观光采摘园，连片种植红提、夏黑等品种葡萄300余亩；鼓励和吸引闲散劳动力特别是精准扶贫户到景区工作、经营，形成了有村民参与景区建设和景区环境管理工作，也有村民在景区经营特色农家乐的局面。两年来，景区共接待游客150余万人次，带动周边劳动力就业2000余人次，旅游综合性收入达180万元，旅游产业真正成为了惠民富民的重要支柱产业。

三、经验与启示

习近平总书记在党的二十大报告中指出：“坚持大抓基层的鲜明导向，抓党建促乡村振兴……持续整顿软弱涣散基层党组织，把基层党组织建设成为有效实现党的领导的坚强战斗堡垒。”这充分体现了党建引领对于乡村振兴的重要作用。近年来，曲沃县里村镇在党建引领的作用下，创新探索“党建 + 集体经济”“党建 + 专业合作社”“党建 + 乡村旅游”等模式，切实将党建引领力有效转化为农村发展活力，壮大了农村集体经济，实现了一村一产，推动了农民就业，促进了农民增收致富。办好农村的事情关键在党，实现生活富裕更需党建先行。在生活富裕和乡村振兴实现的路上，必须发挥好党建引领的作用。

发挥好党建引领生活富裕的作用，需要一支敢于斗争、善于斗争、号召力强的党员干部队伍。实现生活富裕和乡村振兴，离不开党员干部的实干担当精神。党建工作的引领作用不是喊出来的，而是实实在在干出来的。基层党组织干部要主动学习乡村振兴战略和政治理论素养，更要主动向乡村群众学，要扎根基层，俯下身子，问需于民、问计于民，积极学习农业知识和生产技术，在实干中真正解决村民的急难愁盼问题。

发挥好党建引领生活富裕的作用，需要基层党组织密切联系和服务群众。农村基层党组织与基层群众距离最靠近、联系最紧密、接触最广泛，是党在农村全部工作和战斗力的基础。要推进乡村振兴，实现生活富裕，必须紧紧依靠农村党组织和广大党员，使党组织的战斗堡垒作用和党员的先锋模范作用得到充分发挥，带领群众同频共振，推进乡村振兴。

里村镇能脱颖而出，靠的就是党员干部密切联系群众、带领群众事不避难、主动作为。这些乡村中的党员在农村基础设施建设、发展产业、保护生态等一件件实事中，身体力行树起了形象，树起了党员干部的引领力、实干力和影响力。

第五节　创新发展思路，多渠道增收致富
——侯马市垤上村

发展壮大村集体经济，是强农业、美农村、富农民的重要举措，是实现乡村振兴的必由之路。侯马市垤上村积极发挥区位优势，不断创新集体经济发展经营模式，坚持“盘活土地资源、利用集体土地资产、全力发展三产经济”的工作思路，推行“村级主导＋引资置产＋特色产业”运营模式，实现资源变资产、资金变股金、农民变股东，促进了村级集体经济稳步增长，真正实现集体、村民双增收，让村民共享乡村振兴成果，进一步提升了村民的幸福感、获得感、满意度。

一、基本情况

侯马市新田乡垤上村，位于侯马市区浍河北岸，处于市中心地带，

图6-6　彭真故居纪念馆

是典型的城中村。全村分为 6 个村民小组，共有 3062 人，耕地 522 亩。垤上村是老一辈无产阶级革命家彭真同志的故乡，彭真故居纪念馆坐落于此。全村设有一个总支部委员会，党总支下设 3 个党支部，共有党员 142 名。垤上村经济发展以第三产业为主导产业，2022 年，村级集体经济总收入 312.56 万元，其中，经营性收入占比 98%，年度股金计划分红 120 万元。先后荣获“省级卫生村”“全国敬老模范村居”“全国文明村”等多项荣誉称号。

二、主要举措及成效

侯马市垤上村坚持党建引领，立足自身优势，创新发展思路，聚焦第三产业发展，以发展村级集体经济为抓手，多措并举，促进村民增收，走出了一条垤上特色生活富裕之路，荣获山西省 2022 年度村集体经济发展“先进村”称号。

（一）坚持党建引领，创新党建“三联”举措

垤上村坚持党建引领，创新党建“三联”举措，凝心聚力发展

图 6-7　垤上仓储物流库区

图 6-8　垤上商贸市场党群服务中心

壮大村级集体经济。一是联支部固本强基。以“三大市场”（桥头服装批发市场、垤上农贸市场、光明机电城）为主体，组建商贸党支部，建立商贸市场党群服务中心，组织 33 名党员与市场内 970 余个经营户开展结对帮扶，全力搞好市场服务，真正把组织优势转化为产业发展优势。二是联党员示范带动。将带动村级集体经济发展情况纳入全村 120 余名党员的积分制管理，专设模范带头星、勤劳致富星进行赋分，党员带头领办 5 个集体经济项目和村民增收项目。三是联队伍聚力蓄能。强化干部队伍培养机制，把更多的职业农民和致富能手培养成党员。目前已从致富能手中培养党员 8 名，推动了村级集体经济扩量增效，不断增强村集体自身“造血”功能。

（二）摸清家底，扎实开展“清化收”工作

垤上村扎实开展农村集体资产“清化收”专项工作，摸清了家底，解决了许多历史遗留难题。一是强化部署。成立专项工作领导组，召开党员大会、村民代表和村集体经济组织成员代表大会部署推进。二是加强政策宣传。利用公告栏、宣传标语、微信群、发放致广大村民（成员）一封信，投放音频宣传等方式广泛宣传发动。村“两委”主干、理事会和监事会成员、全体党员、村民代表、成员代表带头签订承诺书。三是发现问题解决问题。乡、村两级专班认真入户走访核底核查，针对存在的问题制定了“清化收”实施细则，细化措施解决问题。对多年来村民无偿占用的、面积数据模糊的河滩地专门聘请第三方公司进行了勘测，勘测面积 179.19 亩，对占用土地的 15 户农户逐一上门讲政策、做工作，全部签订了合同。通过“清化收”，共清理村集体经济合同 191 份，整改问题合同和新增资源收费合同 16 份，清收债权 45 万元，已化解债务 569.48 万元，追缴合同欠款、新增资源收费 137.92 万元。

（三）转变发展思路，聚焦第三产业

垤上村位于市中心地带，商业发展繁荣。垤上村坚持以市场需求为导向，整合资源，盘活资产，推行“村级主导 + 引资置产 + 特色产业”运营模式，先后建设垤上农贸市场、桥头服装批发市场、光明机电城和大型物流仓储库区，形成极具特色的“三市场一库区”产业布局。与此同时，垤上村紧抓时代发展机遇，创新发展思路，锚定产业转型升级，不断延伸产业链条，形成了多元业态集群。一是做大做强本地市场外，积极开拓市外市场和网络销售市场，发展电子商务产业。垤上村以村集体所有的电子商务培训中心为依托，借助抖音、快手等直播平台，淘宝、拼多多等网络销售平台以及美团、饿了么等网络平台，打开了线上销售局面。截至目前，垤上村共有 12 名直播经营户，每年可增收 10 余万元，让集体经济发展搭上了“互联网 +”这辆销售快车。电子商务培训基地每年可为集体创收 50 万元。农贸市场提档升级后，可为村民和社会提供数千个就业岗位，预计每年为村集体增加 40 万元左右收入。二是大力发展仓储物流业。对原有 30 亩大型仓储库区进行提档升级，实行智能化管理，为 50 余户租户提供更优质的服务。探索仓储库区“飞地模式”，租赁周边秦村、西新城等村土地建设仓储库房，解决库区供求紧张难题，为周边村农产品提供了销路和场地，进一步推动仓储区域化、链条化。悦鑫宾馆、沿街门店预计每年可为集体经济增收 50 万元。三是做强文旅产业。以彭真故居文化品牌为核心，探索“农业 + 红色旅游”模式，打造彭真故居红色旅游一条街，开发侯马市土特产品牌和彭真故居文创产品；对村内剩余劳动力进行各类旅游景点小吃制作培训 5 次 150 人次，打造特色小吃一条街，并鼓励农民以土地、资金、技术等方式参与集体经济发展，成为集体经济产业链、资金链、供应链、价值链的参与者和受益人。彭真故居红色旅游一条街建成后可为村集体年增收 30 万元收入，真正实现集体、村民双增收。

（四）增强发展活力，坚持发展成果由全体村民共享

垤上村坚持“发展依靠村民、发展为了村民、发展成果由村民共享”的原则，深化集体经济成果分配机制，2020 年，农民人均纯收入达到了 1.91 万元，在侯马市名列前茅。垤上村大力推进民生工程，率先在全市完成了集中供热、通天然气、上下水、旱厕改造等“六个全覆盖”工程，不断完善村集体基础设施建设；为 2514 人办理新农合，常年为在校大学生发放助学金，为独生子女户发放补助金。垤上村坚持为村民发放福利，每年为 400 余名老年人发放养老补助金，每人每月 2.5 千克鸡蛋，每逢春节，还为全体村民发放米、面、油等慰问品，全面实现了发展成果共享。垤上村在解决基础民生问题的同时提升了村民幸福感、获得感、满意度，走出了一条生活富裕之路。

三、经验与启示

垤上村创新发展思路，做大做强村级集体经济，带领村民多渠道增收致富，被评为山西省 2022 年度村级集体经济发展“先进村”，走出了一条垤上特色生活富裕之路。垤上村的生活富裕之路在于三点，一是坚持党建引领，创新工作方法；二是做大做强村级集体经济，深化集体经济成果分配机制，坚持发展成果共享；三是找准定位，立足自身优势，锚定第三产业发展。

创新是一个政党永葆生机的力量源泉，也是我们党能够时刻发挥党建工作引领作用的重要手段。基层党组织在积极推进乡村振兴的过程中，要立足乡村发展实际，不断创新工作方法，切实带领农村居民增收致富，如垤上村基层党组织创新性开展党建引领“三联”，将组织优势变为发展优势。

垤上村以集体经济发展为目标，依托“三市场一仓库”的产业

图 6-9 垤上村文化活动中心

布局，发挥产业优势，用好上级政策，规范运行管理，创新经营模式，建立务实管用的利益联结机制，村级集体经济得到了显著提升，确保了村集体“有钱办事、能办成事”，增强了村级组织自我保障、服务群众的能力，也赢得了村民的支持和拥护，提升了村民的获得感、幸福感和满意度。

垤上村用好区位资源优势，锚定第三产业，将交通优势、旅游优势、市场优势等转化为发展优势，扩宽渠道、深挖潜力、借助外力多元化联动发展，不断推动传统产业转型升级，变传统经济为现代产业，多渠道实现农民致富。

附录

省外经典案例

第一节　浙江“千村示范、万村整治”推动乡村华丽蝶变
第二节　乡村振兴苏南之路
第三节　浙江特色小镇崛起
第四节　广东城乡融合发展路径

“十四五”时期，山西省乡村振兴先行示范县的重点任务是加快城乡融合发展，在县域范围内提升城乡融合内涵和在品质上做文章，推动形成工农互促、城乡互补、协调发展、共同繁荣的新型工农城乡关系。目前，全省31个乡村振兴先行示范县经济社会总体发展相对较快，通过先行示范、积累经验、率先突破，创建了一批城乡融合发展典范，打造了一批乡村振兴样板。但从全国范围来看，部分地区的乡村振兴先行示范已经处于乡村形态创新改变、城乡差距持续缩小的新发展阶段，城乡融合发展实践已经形成了特定模式、积累了成功经验，为山西省乡村振兴先行示范提供了可参考、可复制的借鉴。

第一节　浙江“千村示范、万村整治”推动乡村华丽蝶变[①]

二十年来持续推进的“千村示范、万村整治”工程，推动浙江完成了乡村华丽蝶变，有效缩小了城乡差距，促进了城乡融合发展；推进了绿色高质量发展，实现了兴农富农；重振了乡村文化，重构起农民精神家园，极大增加了农民群众的获得感、幸福感和安全感，是打造乡村振兴先行示范基本单元的典范。

一、背景

2003 年 6 月，时任浙江省委书记的习近平同志在广泛深入调查研究基础上，立足浙江省情农情和发展阶段特征，准确把握经济社会发展规律和必然趋势，以农村生产、生活、生态的“三生”环境改善为重点，作出了实施“千村示范、万村整治”的战略决策，提出从全省近 4 万个村庄中选择 1 万个左右的行政村进行全面整治，把其中 1000 个左右的中心村建成全面小康示范村。在浙江工作期间，习近平同志亲自制定了“千万工程”目标要求、实施原则和投入办法，创新建立、带头推动“四个一”工作机制，即实行“一把手”负总

① 专题调研组:《总结推广浙江“千万工程”经验　推动学习贯彻习近平新时代中国特色社会主义思想走深走实》，《求是》，2023年第11期。

责，全面落实分级负责责任制；成立一个“千万工程”工作协调小组，由省委副书记任组长；每年召开一次“千万工程”工作现场会，省委、省政府主要领导到会并部署工作；定期表彰一批“千万工程”的先进集体和个人；亲自出席 2003 年“千万工程”启动会和连续三年的“千万工程”现场会并发表重要讲话，为实施“千万工程”指明了方向；2005 年在安吉县余村调研时提出“绿水青山就是金山银山”的发展理念，把生态建设与“千万工程”更紧密结合起来，美丽乡村建设成为“千万工程”重要目标。习近平同志始终牵挂着“千万工程”，担任总书记以来多次作出重要指示批示，强调“千万工程”建设推动要坚持因地制宜、分类指导，规划先行、完善机制，突出重点、统筹协调，通过长期艰苦努力，全面改善农村生产生活条件；强调一件事情接着一件事情办，一年接着一年干，建设好生态宜居的美丽乡村，让广大农民在乡村振兴中有更多获得感、幸福感；强调深入总结经验，指导督促各地朝着既定目标，持续发力、久久为功，不断谱写美丽中国建设的新篇章；强调实现全面小康之后，要全面推进乡村振兴，建设更加美丽的乡村。习近平总书记一系列重要指示批示为推进“千万工程”提供了根本遵循。

浙江按照习近平总书记的战略擘画和重要指示要求，顺应形势发展和实际需要，持续深化“千万工程”，不断推动“物的新农村”向“人的新农村”迈进。“千万工程”自 2003 年全面启动以来，历经示范引领、整体推进、深化提升、转型升级四个阶段，总体来看，乡村整治范围不断延伸，从最初的 1 万个左右行政村，推广到全省所有行政村；内涵不断丰富，从“千村示范、万村整治”引领起步，推动乡村更加整洁有序，到“千村精品、万村美丽”深化提升，推动乡村更加美丽宜居，再到“千村未来、万村共富”迭代升级，强化数字赋能，逐步形成“千村向未来、万村奔共富、城乡促融合、全域创和美”的生动局面，不仅显著改善了乡村人居环境，实现了美丽生态、美丽经济、美好生活的融合发展，更是围绕人的现代化全面创新乡村治理的体制机制、体系结构、政策工具和技术手段，深刻改变了乡村发展的产业结构和社会结构，推动了乡村整体变革和全面振兴，重塑了城乡关系和乡村发展理念，先行探索形成了中国式现代化道路在乡村基层的实践样本，开创了城乡融合发展、绿色发展、物质与精神协调发展的共同富裕新模式，在现代化新征程上成功担负起实现乡村共同富裕的新使命。“千万工程”造就了万千美丽乡村，造福了万千农民群众，促进了美丽生态、美丽经济、美好生活有机融合，被当地农民群众誉为“继实行家庭联产承包责任制后，党和政府为农民办的最受欢迎、最为受益的一件实事”，被誉为“在浙江经济变革、社会转型的关键时刻，让列车换道变轨的那个扳手，转动了乡村振兴的车轮”。“千万工程”不仅对全国起到了示范效应，在国际上也得到认可，2018 年 9 月荣获联合国“地球卫士奖”，为营造和谐宜居的人类家园贡献了中国方案。

二、举措及成效

习近平总书记在浙江工作期间对“千万工程”既绘蓝图、明方向，又指路径、教方法，到中央工作后继续给予重要指导。二十年来，浙江按照习近平总书记重要指示要求，深入谋划推进、加强实践探索，推动“千万工程”持续向纵深迈进，形成了一系列行之有效的做法。

（一）主要举措

1. 坚持生态优先、绿色发展

习近平总书记在浙江工作期间强调，要将村庄整治与绿色生态家园建设紧密结合起来，同步推进环境整治和生态建设，要打好“生态牌”，走生态立村、生态致富的路子，并明确提出“绿水青山就是金山银山”的理念。浙江把这些重要理念和要求贯穿实施“千万工程”

全过程各阶段，以整治环境脏、乱、差为先手棋，在农村全面开展了垃圾、污水、厕所“三大革命”“五水共治”“三改一拆”和“创无违建”等行动，着力补足农村环境脏、乱、差短板，同时不断改善农村基础设施和公共服务水平，统筹推进城乡交通、供水供电供气、物流及金融网点等建设，实现基础设施同规同网，有效提升了农村人居环境质量。与此同时，“千万工程”始终坚持打好“生态牌”，全力推进农业面源污染治理，开展“无废乡村”建设，实施生态修复，实现生态账与发展账一起算。通过农业面源污染治理和生态修复、重污染高耗能行业的整治和“小散乱”企业的关停，擦亮生态底色；通过农村人居环境整治，挖掘自然与人文景观，打造乡村慢生活体验区、高端民宿等，不断盘活生态资源和田园风光资源，培育“美丽乡村+”农业、文化、旅游等新业态；通过以土地入股、环境入股、资产入股等推动村庄经营，实现“田园变公园、村庄变景区、农房变客房、村民变股东”，助推投资企业盈利与村级集体经济增收的双赢，有效促进新型农村集体经济发展。总体来看走出了“以美丽生态引进美丽项目、以美丽项目助推美丽乡村、以美丽乡村反哺美丽生态”的“美丽共富”之路，实现了生态经济化与经济生态化的良性循环，端稳了“绿水青山”这一“金饭碗”。

2. 坚持因地制宜、科学规划

习近平总书记在浙江工作期间要求，从浙江农村区域差异性大、经济社会发展不平衡和工程建设进度不平衡的实际出发，坚持规划先行，以点带面，着力提高建设水平。浙江在实施“千万工程”过程中，一方面是立足山区、平原、丘陵、沿海、岛屿等不同地形地貌，区分发达地区和欠发达地区、城郊村庄和纯农业村庄，结合地方发展水平、财政承受能力、农民接受程度开展工作；另一方面是着眼遵循乡村自身发展规律、体现农村特点、注意乡土味道、保留乡村风貌，构建以县域美丽乡村建设规划为龙头，村庄布局规划、中心村建设规划、农村土地综合整治规划、历史文化村落保护利用规划为基础的“1 + 4”县域美丽乡村建设规划体系，强化规划刚性约束和执行力，一旦确定下来就不折不扣实施。通过尽力而为、量力而行，标准有高有低、不搞整齐划一，“有多少汤泡多少馍”，实现城乡“制度无差别、发展有差异”的融合发展。

3. 坚持循序渐进、久久为功

习近平总书记在浙江工作期间指出，要不断丰富“千万工程”内涵，拓展建设领域，坚持不懈地抓好这项惠及全省千百万农民的“德政工程”。浙江紧盯“千万工程”目标不动摇、不折腾，保持工作连续性和政策稳定性，每五年出台 1 个行动计划，每个重要阶段出台 1 个实施意见，以钉钉子精神推动各项建设任务顺利完成。同时，根据不同发展阶段确定整治重点，与时俱进、创新举措，制定针对性解决方案，既不搞运动式治理，也不超越发展阶段定过高目标，从花钱少见效快的农村垃圾集中处理、村庄环境清洁卫生入手，到改水改厕、村道硬化、绿化亮化，再到产业培育、公共服务完善、数字化改革，先易后难、层层递进。

4. 坚持党建引领、党政主导

习近平总书记在浙江工作期间要求，各级党政主要负责人要切实承担“千万工程”领导责任，充分发挥基层党组织的战斗堡垒作用和党员的先锋模范作用。浙江坚持把加强党的领导作为搞好“千万工程”的关键，建立党政“一把手”亲自抓、分管领导直接抓、一级抓一级、层层抓落实的工作推进机制，每年召开“千万工程”高规格现场会，省、市、县党政“一把手”参加，地点一般选在工作力度大、进步比较快、具有典型意义的县（市、区），营造比学赶超、争先创优浓厚氛围。以党建为引领，不断补足农村治理短板，既加强农村基层党建，发挥党组织领导核心作用，又激励广大村民参与村庄整治，形成自治、德治、法治、智治“四治融合”治理机制，打造党建引领下的共建共治的乡村社会治理格局，加快实现治理有效的善治乡村。同时，坚持政府投入引导、农村集体和农民投入相结合、社会力量积极支持的机制，加大资金投入力度。将农村人居环境整治纳入为群众办实事内容和党政干部绩效考核，强化奖惩激励。突出党政主导、各方协同、分级负责，配优配强村党组织书记、村委会主任，推行干部常态化驻村联户、结对帮扶，实行“网格化管理、组团式服务”。

5. 坚持以人为本、共建共享

习近平总书记在浙江工作期间强调，必须把增进广大农民群众的根本利益作为检验工作的根本标准，充分尊重农民的意愿，充分调动农村基层干部和广大农民群众的积极性和创造性。浙江在实施“千万工程”过程中，始终从农民群众角度思考问题，尊重民意、维护民利、强化民管。实施初始就把增进人民福祉、促进人的全面发展作为出发点和落脚点，从群众需要出发推进农村人居环境整治。在“千万工程”各地具体推进时，坚持“村里的事情大家商量着办”，厘清政府干和农民干的边界，该由政府干的主动想、精心谋、扎实做，该由农民自主干的不越位、不包揽、不干预，激发农民群众的主人翁意识，广泛动员农民群众参与村级公共事务，推动实现从“要我建设美丽乡村”到“我要建设美丽乡村”的转变。

（二）成效

浙江“千村示范、万村整治”工程是从村容村貌整治等群众最关切、感受最直接、见效最明显的“关键小事”入手，让浙江万千乡村实现了从“脏、乱、差”到“强、富、美”的精彩蝶变，走出了以空间优化撬动产业结构变革、公共服务供给结构变革、乡村治理结构变革的乡村现代化实践路径。

1. 农村人居环境深刻重塑

从垃圾收集、卫生改厕、河沟清淤到村道硬化、绿化亮化、污染整治，从人居环境改善拓展到美丽乡村建设，天蓝、地净、山绿、水清的山水画卷在浙江城乡大地徐徐展开，物理空间的有机更新为乡村现代化基本单元建设奠定了物质基础。“千万工程”使浙江乡村生活污水治理覆盖率达到100%，农村生活垃圾基本实现“零增长”“零填埋”，农村卫生厕所全面覆盖，森林覆盖率超过61%，农村人居环境质量居全国前列，成为首个通过国家生态省验收的省份，实现了从“室内现代化、室外脏乱差”到“室内现代化、室外四季花”的巨大变化，从“坐在垃圾堆上数钞票”到“端稳绿水青山‘金饭碗’”的华丽转身。截至2022年底，浙江全省90%以上的村庄达到新时代美丽乡村标准，创建美丽乡村示范县70个、示范乡镇724个、风景线743条、特色精品村2170个、美丽庭院300多万户，浙江美丽大花园映入全国人民眼帘。

2. 城乡融合发展深入推进

“以人为本谋‘三农’”是贯穿“千万工程”谋划和建设过程的核心理念，浙江省在“千万工程”建设中始终把实现好、维护好、发展好农民的物质利益和民主权利，不断增强农民群众的自我发展能力作为出发点和落脚点，围绕人的全生命周期着力推进城乡公共服务从基本均等向优质共享跃升。多年来，浙江全省城乡基础设施加快同规同网，最低生活保障实现市域城乡同标，基本公共服务均等化水平全国领先，农村“30分钟公共服务圈”和“20分钟医疗卫生服务圈”基本形成。全省城乡居民收入比从2003年的2.43缩小到2022年的1.90。“城市有乡村更美好、乡村让城市更向往”正在成为浙江城乡融合发展的生动写照。

3. 乡村产业蓬勃发展

随着“千万工程”的深入推进，浙江乡村产业结构不断优化升级，休闲农业、农村电商、文化创意等新业态不断涌现，带动农民收入持续较快增长。全省农村居民人均可支配收入由2003年的5431元提高到2022年的37565元，已经连续38年领跑全国省区。2022年底，浙江农村集体经济总收入达到760亿元，村级集体经济年经营性收入50万元以上的行政村占比达51.2%。全省风景线、特色精品村、美丽庭院建设同步发展，形成“一户一处景、一村一幅画、一线一风光”的美丽图景。通过实施“十万农创客培育工程”，累计培育农创客超4.7万名，打造出“衢州农播”“丽水农三师”等人才培养品牌。

4. 乡村治理效能有效提升

以农村基层党组织为核心、村民自治为基础、各类村级组织互动合作的乡村治理机制逐步健全，乡村治理体系和治理能力现代化水平显著提高，农村持续稳定安宁。“千万工程”实施以来，村“两委”给群众办实事、办好事，组织有了凝聚力战斗力，干部有了威信，老百姓信得过，为构建党建统领的自治、法治、德治、智治“四治融合”的现代乡村治理体系奠定了坚实基础。截至2023年4月，浙江全省累计建成省级以上民主法治村1643个，县级以上民主法治村占比90%以上，17784个村实行“一村一辅警”制度，18886个村建立法律顾问、法律服务工作室。

5. 农民精神风貌持续改善

浙江各地将文化作为乡村发展的关键变量，一方面通过在全省域推行历史文化村落保护利用让传统文化“留下来”，推动“物的新农村”向“人的新农村”迈进；另一方面全域构建新时代文明实践中心、新时代文明实践所、农村文化礼堂三级阵地，建成一批家风家训馆、村史馆、农民书屋等。乡村陈规陋习得到有效遏制，文明乡风、良好家风、淳朴民风不断形成，既看得见山水，又留得住乡愁的美丽乡村散发着历史底蕴的独特魅力，一个又一个承载着村民共同记忆的精神家园为持续推进乡村治理现代化奠定了文化基础。截至 2022 年底，浙江累计建成 20511 家农村文化礼堂，实现 500 人以上行政村全覆盖；建成农家书屋 25335 个，全省行政村农家书屋全覆盖。构建起“15 分钟品质文化生活圈”和“15 分钟文明实践服务圈”。覆盖全省的农村文化礼堂，让各地的传统文化“活起来”，还衍生了“我们的村晚”“我们的村歌”“我们的村运会”。实践证明，“千万工程”是一项有效回应农民群众精神文化需求的“民心工程”，显著提升的获得感不断强化了群众对政府的信任与认同。

三、启示

浙江“千万工程”之所以取得突出成效，最根本在于习近平总书记的战略擘画、关心厚爱和关怀指导，在于习近平新时代中国特色社会主义思想的科学指引。我们必须更加深刻领悟“两个确立”的决定性意义，增强“四个意识”、坚定“四个自信”、做到“两个维护”，切实把浙江“千万工程”经验总结推广好、学习运用好，把握蕴含其中的习近平新时代中国特色社会主义思想的世界观和方法论，不断转化为推进中国式现代化建设的思路办法和具体成效。

一是必须坚持以人民为中心的发展思想，把实现人民对美好生活的向往作为出发点和落脚点。“千万工程”源于习近平总书记的深厚农民情结和真挚为民情怀。二十年来，浙江从全省千百万农民群众的切身利益出发，坚持民有所呼、我有所应，不断提高农村生产生活条件，提高农民的生活质量，使广大农民群众有更多获得感、幸福感、安全感。实践证明，只有心里真正装着农民，想农民之所想，急农民之所急，不断解决好农业农村发展最迫切、农民反映最强烈的实际问题，才能得到农民群众的真心支持和拥护，才能加快补齐农业农村这块我国现代化建设的短板。新时代新征程上，要更加自觉站稳人民立场，强化宗旨意识，尊重人民意愿，采取更多惠民生、暖民心举措，千方百计拓宽农民增收致富渠道，让农民腰包越来越鼓、日子越过越红火，推动乡村振兴取得更为明显的实质性进展。

二是必须坚持以新发展理念为统领，全面推进乡村振兴。“千万工程”实施前后农村面貌的鲜明反差、推进落实带来生产生活的巨大变化，根本上反映的是发展理念的变革、发展方式的转变。从村庄环境建设到农村全面发展，从物质文明建设到精神文明建设，浙江坚持新发展理念，走出了一条迈向农业高质高效、乡村宜居宜业、农民富裕富足的康庄大道。实践证明，观念一变天地宽。只有完整、准确、全面贯彻新发展理念，推进乡村振兴才能理清思路、把握方向、找准着力点。新时代新征程上，要以新发展理念为统领，立足加快构建新发展格局，正确处理速度和质量、发展和环保、发展和安全等重大关系，加强机制创新、要素集成，抓好乡村产业、人才、文化、生态、组织“五个振兴”，实现农业生产、农村建设、乡村生活生态良性循环。

三是必须强化系统观念，着力推动城乡融合发展。“千万工程”实施二十年来，浙江始终坚持统筹城乡发展，不断推动城市基础设施向农村延伸、公共服务向农村覆盖、资源要素向农村流动，使城乡关系发生深刻变革。实践证明，必须把农村和城市作为一个有机统一的整体系统考虑、统筹协调，充分发挥城市对农村的带动作用和农村对城市的促进作用，兼顾多方面因素，注重多目标平衡。新时代新征程上，要系统排布城乡关系，以县域为重要切入点，统筹部署、协同推进，抓住重点、补齐短板，加大改革力度，破除妨碍城乡要素平等交换、双向流动的制度壁垒，促进发展要素、各类服务更多下乡，加快形成工农互促、城乡互补、协调发展、共同繁荣的新型工农城乡关系。

四是必须大兴调查研究，从实际出发想问题、作决策、办事情。“千万工程”是习近平同志到浙江工作后不久，用 118 天时间跑遍 11 个地市，一个村一个村地仔细考察，充分掌握省情农情作出的重大决策。二十年来，“千万工程”的每一次深化，都是基于调查研究的成果。实践证明，正确的决策离不开调查研究，正确的贯彻落实同样也离不开调查研究。只有学好练精这个基本功，才能把情况摸清、把问题找准，提出的点子、政策、方案才能符合实际情况、符合客观规律、符合科学精神。新时代新征程上，要持续加强和改进调查研究，围绕学习贯彻党的二十大精神，聚焦推进乡村振兴、实现共同富裕、增进民生福祉等改革发展稳定中的重点难点问题，深入基层、掌握实情、把脉问诊，紧密结合自身实际，谋划实施有针对性的政策举措，不断破解矛盾瓶颈，推动高质量发展。

五是必须突出抓基层、强基础、固基本工作导向，健全党组织领导的基层治理体系。“千万工程”实施二十年来，浙江抓党建促乡村振兴，充分发挥农村基层党组织战斗堡垒作用，充分发挥村党组织书记、村委会主任的带头作用，引导基层党员干部干在先、走在前，团结带领农民群众听党话、感党恩、跟党走。实践证明，群众富不富，关键看支部；支部强不强，还看“领头羊”。只有坚持以党建引领基层治理，善于发动群众、依靠群众，才能把党的政治优势、组织优势、密切联系群众的优势，不断转化为全面推进乡村振兴的工作优势。新时代新征程上，要突出大抓基层的鲜明导向，选优配强基层党组织领导班子，完善党组织领导的自治、法治、德治相结合的治理体系，推动各类治理资源向基层下沉，不断激发人民群众的积极性、主动性、创造性，形成凝心聚力、团结奋斗的良好局面。

六是必须锚定目标真抓实干，一张蓝图绘到底。二十年来，浙江始终把“千万工程”作为“一把手”工程，保持战略定力，一任接着一任干，实现一个阶段性目标，又奔向新的目标，积小胜为大胜，创造了接续奋斗不停歇、锲而不舍抓落实的典范。实践证明，真抓才能攻坚克难，实干才能梦想成真。必须持续改进工作作风，把更多心思和工夫花在狠抓落实上，力戒形式主义、官僚主义，不搞“政绩工程”“形象工程”，防止“新官不理旧账”。新时代新征程上，要紧紧围绕党的中心任务，对标对表党中央决策部署，保持历史耐心，一件事情接着一件事情办，一年接着一年干，尤其要注意防止换届后容易出现的政绩冲动、盲目蛮干、大干快上以及“换赛道”“留痕迹”等倾向，以良好的作风进一步赢得党心民心，凝聚起强国建设、民族复兴的磅礴力量。

第二节 乡村振兴苏南之路①

苏南地区是我国农村工业化最早、最快、最典型的地区之一，几十年来发展道路历经坎坷。苏南地区通过乡村城镇化解决城乡发展不平衡不充分问题的路径对山西通过乡村振兴先行示范缩小城乡、区域发展差距，加快实现城乡融合发展具有较为重要的借鉴意义。

一、背景

苏南地区在农村家庭联产承包责任制已经见效、市场经济改革尚未开始、周边地区尚未全面启动农村工业化的大背景下，率先制

① 于晓菲：《“苏南”模式的制度变迁、制度创新分析及对中国西部经济发展的启示》，兰州大学研究生学位论文，2006年。

定了以乡镇企业为主导的农村工业化发展战略，以农村工业化推动农村经济的分工、分业和产业结构的调整，实现了苏南经济的全面繁荣和农民的共同富裕，同时也促进了苏南地区由计划经济向市场经济、由农业社会向工业社会的迈进。

苏南模式经历了两个完全不同的发展阶段，由费孝通在 1983 年《小城镇·再探索》一书中首次提出的苏南模式是传统苏南模式，指江苏南部苏州、无锡和常州等地区通过发展乡镇企业实现非农化发展的乡镇发展模式。新苏南模式是指在经济全球化的背景下，在传统苏南模式发展基础上，经过创新、演进所形成的空间范围更广、经济内涵更超前的新型区域经济和社会发展模式。新苏南模式空间范围比以前扩大了，由原先的苏、锡、常扩大到镇江、南京等地。它的主要内涵是以"两个率先"为目标，以园区经济为载体，以打造现代国际制造业为引擎，坚持快速发展、科学发展、协调发展，在工业化、城市化、信息化、国际化互动并进的过程中实现城乡经济和社会的一体化。

二、举措及成效

苏南模式在前期通过政府主导下的强制性制度变迁代替要素市场完成生产要素的合理化配置，之后通过产权制度改革促进企业规范化、集聚化、外向型发展。通过两个阶段的发展，不仅推动了苏南地区农村工业化水平的提升和经济社会的快速发展，更在产业加速发展基础上推动了苏南地区的城乡一体化进程。

（一）传统苏南模式

传统苏南模式孕育于 20 世纪 70 年代，形成于 80 年代与 90 年代初、中期，是一种由乡镇政府主导的供给主导型的强制性制度变迁方式，其主要特征是：农民依靠自己的力量发展乡镇企业，乡镇企业的所有制结构以集体经济为主，乡镇政府主导乡镇企业的发展。

1. 举措

为了促进乡镇企业的快速发展，苏南乡镇政府扮演着全能政府的角色，承担着计划经济体制下无限政府所承担的经济职能。在乡镇企业原始积累阶段，乡镇政府运用行政权力代替要素市场，提供了生产要素供给。该时期行政权力作用的发挥，有效节约了交易费用，实现了要素的有效配置。

一是解决人的问题。乡镇企业运营过程中，乡镇政府直接参与乡镇企业的经营管理，为乡镇企业组织和配置各种资源。乡镇企业中经营层或称主导层中多为兼业企业家，在执行企业家职能的同时也承担地方政府或地方自治体的职能。他们会利用其身份和信誉，促进产品销售和处理商务纠纷，为企业发展取得额外便利。

二是解决财的问题。乡镇企业的资金积累也主要来源于乡镇政府的直接投入或者间接帮扶。一方面，乡镇政府在人民公社体制下从集体经济积累中拿出资金投入乡镇企业；另一方面，乡镇政府主动帮助乡镇企业与金融机构对接，帮助乡镇企业拿到较低融资成本的银行和信用社贷款。

三是解决地的问题。乡镇的土地所有权在政府，且土地资源较为充足。乡镇企业在土地需求的满足上有天然的便利条件，且不需要太多的使用成本。

2. 成效

在传统苏南模式中乡镇企业异军突起，担任了引领乡村经济社会发展主力军的角色，使苏南乡村发生了翻天覆地的变化。

首先，促进了苏南经济的快速增长，推动了农村工业化的进程。在 20 世纪 80 年代，苏南乡镇企业迅猛发展，使苏南地区生产总值增长率保持在 20% 左右，实现了苏南经济自改革开放以来的第一轮腾飞，大大增加了苏南的整体经济实力。而乡镇企业在发挥经济增长动力源的作用之余，为苏南的农村工业化也作出了较大的贡献。1978 年苏南农村总产值仅为 65.05 亿元，工农产值之比为 25:75，而进入 20 世纪 80 年代以后，在乡镇企业的推动下，苏南的工业产值迅速增长，1994 年更是达 3759.61 亿元，工农产值之比为 96:4。基于此，苏南的乡镇企业在全国乡镇企业中确立了重要地位，总产值占全国的六分之一，工业总产值占全国的五分之一，上缴税占全国的十一分之一，固定资产原值占全国的三分之一。

其次，实现了苏南农村剩余劳动力的战略性转移，提高了农民的生活水平。工业化的最终目的就是使全体社会成员享受到工业文明带来的成果。苏南乡镇企业在促进苏南整体经济实力提升的同时转移了农村的剩余劳动力，实现了农村人口的充分就业，促进了共同富裕。据统计，苏州通过发展乡镇企业吸收了 120 万的农村剩余劳动力，占 270 万农村劳动力的 44%。

最后，推动了苏南的城镇化建设。城市化总是和工业化相伴而生的。乡镇企业在促进苏南农村工业化的同时也加快了小城镇建设的步伐。由于乡镇企业的大量集聚，苏南的乡镇从区域规模到人口规模均成倍扩张。各乡镇还依靠乡镇工业积累所提供的部分资金，不断强化乡镇的基础设施建设，使之发展成为非农人口聚居的社区和联结城乡、沟通内外的新型城镇。

（二）新苏南模式

20 世纪 90 年代后期开始，苏南乡镇企业相继进行产权制度改革，基本实现了乡镇政府对乡镇企业的直接支配权从企业中撤离出来，这标志着传统苏南模式的终结、新苏南模式诞生。新苏南模式是从传统模式延伸而来的，在改革和调整传统模式中不断演进和发展的区域发展模式。新苏南模式的形成和发展主要经历了两个发展阶段。

第一阶段：20 世纪 80 年代后期到 90 年代中后期，乡镇企业产权制度改革的同时积极发展外向型经济。

1. 举措

随着市场化改革的逐步推进，传统苏南模式的缺陷日益明显，严重阻碍了苏南经济和社会的发展。

一是制度改革。苏南乡镇政府在乡镇企业中推行了“一包三改”的制度（即实行承包责任经营制，改干部委任制为聘任制，改职工录用制为合同制，改固定工资制为滚动工资制）和企业内部审计等多项制度。1996 年开始，对乡镇企业进行产权制度改革，大企业改制为股份有限公司、有限责任公司、股份合作制企业、混合型企业，小企业通过兼并破产、拍卖转让使产权明晰。通过产权制度改革，实现了公有制新的实现形式，发展速度、规模以及企业的经济效益显著提升。

二是发展外向型经济。顺应市场发展，20 世纪 80 年代后期，苏南乡镇企业抓住了中央沿海开发战略这一历史机遇，外资、外贸、外经“三外齐上”，大力发展外向型经济，苏南地区的经济发展水平稳步提高，乡镇企业又上新台阶。伴随着外向型经济发展势头，苏南主动融入浦东开发，大力推进开发区建设，到 90 年代末，仅苏州就建立了 5 个国家级和 11 个省级经济开发区。完善的基础设施和有吸引力的优惠政策，吸引了大批外资入驻，苏南经济的对外依存度进一步提升，苏南的经济发展也相应由劳动密集型工业逐步向资金和技术密集型工业迈进，工业化和城市化步伐大大加快。

2. 成效

一是集体产权结构进一步明晰。截至 1999 年初，在短短的三年内，仅苏州市就有 11301 家企业得到改制，涉及净资产金额 435.4

亿元。[1]改制后的苏南乡镇企业结束了模糊的集体产权结构，苏南通过对乡镇企业进行私有化和股份制产权制度的改革，乡镇企业通过与外商合资，与其他法人企业组建企业集团、建立股份制公司、上市等途径明晰集体所有制企业的产权，以多元产权主体为特征的混合所有制在乡镇企业中得到普遍推行。

二是企业走上规模发展之路。苏南在对乡镇企业进行产权制度改革的同时，通过调整结构、兼并企业、技术改造、横向联合等途径，结束了“小、散、乱”的布局和结构状态，积极推进企业联合和组成企业集团，扶持骨干企业走规模经济发展之路。苏南乡镇企业通过调整企业规模和组织结构，初步建立了现代企业制度。随着苏南乡镇企业致力于企业集团化，80 年代后，江苏省乡镇企业虽然数量有下降趋势，但平均经营规模和生产能力大幅度上升。

三是企业向城市集聚的趋势不断加强。在集团化发展的同时，苏南乡镇企业不断向城市集中。在 20 世纪 80 年代后期，随着城乡壁垒逐渐被打破，苏南地区分散的乡镇企业开始向工业区集中，出现了城乡经济一体化的发展势头，城乡企业相互渗透，城乡企业的界限淡化。

第二阶段：20 世纪 90 年代末至今，乡镇企业二次改制的同时主动接受国际产业转移。

20 世纪 90 年代的产权制度改革，乡镇企业发生了脱胎换骨的变革，但不彻底、不规范和不配套的问题也较为突出。大多数乡镇企业仍保留了集体股份，全员入股的现象较普遍，土地、房产仍属集体所有，具有不彻底性。

---

① 洪银兴,陈宝敏:《“苏南模式”的新发展——兼与“温州模式”比较》，宏观经济研究，2001（7）。

1. 举措

一是进行“二次改制”。苏南于21世纪初再次进行集体产权制度改革，选择能够进一步降低交易成本的私人产权制度，被称为“二次改制”。“二次改制”的特点是“一退二转三买断”，即集体股退出，股份合作制企业转向公司制或个体私营企业，买断职工工龄，买断厂房、土地使用权，其目标是打破地方政府的“地方产权制度”，把保留的集体股份从企业中全部清出，将乡镇政府对企业的直接支配权从企业中撤离，确立私人作为独立产权主体的地位，让苏南的市场内生力量发挥作用。“二次改制”是苏南乡镇企业产权制度改革的继续和深化，改制使相当数量的集体资产退出，原先的股份合作制企业、租股租售结合企业和集体参股、控股企业中的相当部分转化为私营企业，并且逐步确立了私人所有的产权制度。

二是外向型经济深入发展。90年代后期，随着全球产业结构和产业布局的重新调整，苏南再次凭借其良好的工业基础、人才条件和地缘优势，秉承“亲商、安商、富商”的理念，发挥工业园区的产业聚集功能，成为国际产业资本转移的目的地之一，进入了外向型经济发展的高潮期。苏南一方面以高新技术为先导，以园区经济为载体，潜心打造现代国际制造业基地；另一方面利用国际产业资本大量转移的历史机遇，不断强化城市的现代功能，大力加强城市圈建设，将苏南带入了工业化、城市化、市场化、国际化、信息化互动并进的城乡一体化新时期。

2. 成效

第二阶段，苏南模式全面突破了以乡镇企业为主导的农村经济社会发展模式，在产权结构和经济增长方式方面发生了变化。

一是通过产权制度的二次改革，政府和乡镇企业彻底脱钩，实现了乡镇企业从单一的集体所有制向多种所有制成分共存的转换。

二是通过“工业向园区集中，人口向城市集中，住宅向社区集中”的“三集中”，打破城乡界限，城乡一体化进程加快，城乡人口、技术、资本、资源等要素互相融合、互为资源、互为市场、互相服务。

三是随着开放型经济的发展，苏南地区经济发展的外贸依存度显著提升，从1986年的0.06%增长至2016年的39.2%，其中，在2006年达到最高点84%。[①] 在国内国际两个市场的拉动下，苏南的高新技术产业迅速发展，经济的国际化、信息化水平得到迅速提高。

三、启示

新旧苏南模式下，除了顺应市场发展需要，政府经济职能的转变是关键。

一是顺应市场经济的一般规律，统筹协调好市场与政府的关系。加快转变和重塑法治型政府、开放型政府和服务型政府职能，尊重市场规律，使市场在资源配置中起基础性作用，最大限度地减少政府对经济的直接干预和对资源的直接配置。

二是积极培育农村市场主体。政府要制订产业发展计划，通过政策引导，因地制宜培育和发展农村市场主体，为农村产业振兴注入动力。要立足资源优势构建市场，以市场聚集为中心促进具有一定规模的市场主体的形成，聚集生产要素和释放规模效应，引导农村市场主体找准方向，确立市场主体的信心和预期。整合用好各类平台资源，完善市场体系并推动企业集群的形成，发展规模经济。可借鉴苏州招商引资举措，在各地市成立专门的招商机构，选拔专业的招商团队，不断充实招商队伍，积极开展招商工作。创新招商

① 武小龙、谭清美：《新苏南模式：乡村振兴的一个解释框架》，华中农业大学学报（社会科学版），2019（2）。

引资方式，形成包括链条式招商、组团招商、小分队招商、拜访招商、以商引商和网络招商、代理招商等在内的多种引资方法。因地制宜确定产业发展重点领域、重大项目，针对性出台和落实投资激励政策吸引投资，在促进区域主导特色产业提升、强村富民、帮农促农等方面发挥作用。

三是要走“产权清晰、群众受益”的新型集体经济路子。发展壮大集体经济，产权清晰是基础。要在清产核资的基础上，明晰集体经济各类产权的主体以及主体所享有的权能和收益，政府则要对各产权主体的权能和收益进行保护。同时也要做到“政经分开”，明晰公共财政和农村集体经济组织在农村公共服务和社会管理支出上的责任，职能和账目分立。

第三节　浙江特色小镇崛起[①]

浙江是我国县域经济发展最快、农民人均收入最高、现代化投入最明显的省份之一。一乡一品、一县一业的模式是其经济发展的主流模式，产业集聚传统深厚，特色小镇作为经济转型升级的新载体，为浙江省的发展注入强心针。

一、背景

浙江有传统深厚的产业集聚，有 500 多家超 10 亿规模的产业集群，2014 年前后，浙江面临产业投资不断减少、产业结构以传统产业为主、要素资源尤其是土地资源约束较为严峻等问题，时任浙江省省长李强在 2014 年 10 月参观“云栖小镇”时提出“特色小镇”

① 朱培梁、潘聪林：《“小镇2.0”：浙江特色小镇再出发》，《决策》，2020年6期。

的概念。2015年，浙江省将特色小镇上升为重要发展战略，2016年从顶层设计角度对其进行界定："特色小镇是相对独立于市区，具有明确产业定位、文化内涵、旅游和一定社区功能的发展空间平台，区别于行政区划单元和产业园区。"

特色小镇是有效破解供给不足、推动产业转型升级的经济载体。浙江特色小镇的产业定位集中于信息经济、健康、时尚、金融、高端装备制造等满足新时代浙江发展要求的产业，同时也统筹茶叶、丝绸、黄酒等传统经典产业。特色小镇建设已成为浙江加快新型城镇化建设、搭建城乡发展一体化基本平台的有效举措和破解城乡二元结构的重要抓手。

二、举措及成效

浙江特色小镇的发展经历了从量变到质变的发展阶段。

（一）特色小镇1.0

浙江特色小镇1.0是立足于当地特色资源，以产业为导向建设的特色小镇，通过开辟特色空间、挖掘特色项目，在单纯地理集中的基础上加入了文化、生态等因素，集聚模式有了新变化。

1. 举措

在产业基础及产业优势培育方面，浙江特色小镇规划面积一般控制在3平方千米左右，建设面积一般控制在1平方千米左右，聚焦信息经济、环保、健康、旅游、时尚、金融、高端装备制造等七大产业，兼顾茶叶、丝绸等历史经典产业，是融合产业、文化、旅游、社区功能的创新创业发展平台，且注重规模控制和产业集约式发展。此外，浙江特色小镇还立足自身资源，深度挖掘地域优势和特色文化，重点发展特色产业和旅游业，同时带动关联产业发展，拓展原有经营方式的价值链条。如武义温泉小镇利用自身资源，提出"生态景区全域化"的发展理念，将其发展优势最大化，塑造出"温泉名城、养生武义”的品牌形象。

在基础设施和资源平台搭建方面，浙江特色小镇在建设与推广过程中，利用国家政策和当地政府的扶持，不断建设配套的产业链、物流转换站、网络资源平台和金融咨询平台等，积极推进平台的开放、共享，推进城市公共服务向农村地区延伸，逐步实现城乡基础设施以及公共服务的一体化、均等化。

在资源要素集聚方面，浙江特色小镇的成功实践，不仅形成吸引优秀人才返乡创业或工作的热潮，也引起金融融资平台的重视，进而促进了资金、人才等城市资源要素回流和城乡资源要素合理配置，为乡村产业转型升级创造了良好契机，发挥了新增长极的极化作用。

浙江在特色小镇发展的长期监测方面形成了一套科学完整的体系。浙江特色小镇采用“宽进严定”的创建形式，培育发展特色小镇，不搞创建“终身制”。对于特色小镇发展质量的考核，就是该体系中不可或缺的一部分。自特色小镇成立以来，浙江省特色小镇规划部门多次对特色小镇的建设运营发展情况进行年度考核，对不合格的对象给予警告降级等处分，考核标准较为严格。

2. 成效

自特色小镇概念提出以来，浙江省规划部门每年评选、公布创建名单。截至目前，浙江省共公布了五批特色小镇创建名单，全省已有省级特色小镇 42 个、省级创建小镇 110 个、省级培育小镇 62 个。

从 2018 年的数据来看，在产出贡献方面，省级小镇总产出 8741.9 亿元、总税收 582.1 亿元，有 20 个小镇总产出超 100 亿元；在产业培育方面，浙江全省数字经济总产出中特色小镇占 21.2%，高端装备制造总产出中特色小镇占 9.0%；在创新带动方面，省级小镇高新技术企业数达到884家，镇均7.2家；在亩均产出方面，省级小镇亩均产出高达781.3万元/亩，是全省“规上”工业亩均产出的1.55倍，亩均税收高达52.0万元/亩，是全省“规上”工业亩均税收的1.86倍，其中20个小镇亩均税收超过100万元/亩。特色小镇建设用地占全省的1.5%，全年拉动全省14.2%的产出增长、近10%的税收增长。在特色小镇中，汇集了浙江省近10%的高新企业与约三分之一的上市公司，平均每亩地税收与产出分别是规模以上企业的1.5倍与1.8倍。可见，特色小镇以其很小的空间资源，撬动了极大的发展效能，真正起到了“小平台、大支撑”作用。

（二）特色小镇2.0

2017年以来，国家出台一系列相关方针支撑和引导特色小镇向高质量发展阶段转轨。浙江省作为发展特色小镇的先行者，则在更早时候提出加强统计监测工作，保障特色小镇高质量建设。

1. 举措

2016年及2017年国家发展和改革委等部门出台《关于加快美丽特色小（城）镇建设的指导意见》《关于规范推进特色小镇和特色小城镇建设的若干意见》等，引导特色小镇和特色小城镇发展；2018年8月，国家发展和改革委颁布了《关于建立特色小镇和特色小城镇高质量发展机制的通知》，进一步指导特色小镇高质量发展；2020年国家发展和改革委又发布《关于促进特色小镇规范健康发展的意见》，提出有序保质推进特色小镇高质量建设，支撑扩展内需策略和巩固新型城镇化战略。在省域方面，浙江省作为发展特色小镇的先行者，早在2016年就印发了《对于高质量加快推进特色小镇建设的通知》，提出加强统计监测工作，保障特色小镇高质量建设。在《2020年浙江省国民经济与社会发展计划》中也强调了推进特色小镇建设、加快高质量发展等内容；《浙江省级特色小镇“亩均效益”

领跑者行动方案》提出争取到 2022 年，特色小镇亩均产出提高 5% 以上，亩均税收、小镇参与人数等指标年均提高 6% 以上。

2019 年，上虞特色小镇建设现场推进会的特色小镇“‘浙’五年”展板上提到，“加快推进特色小镇迭代升级，更加注重产业协同，更加注重创新协同，更加注重区域协同，更加注重治理协同，全力打造‘以构建多主体协同、多要素联动的产业发展生态为主要内容的特色小镇 2.0 版’”，首次提出特色小镇 2.0。2020 年 4 月，浙江进一步明确特色小镇 2.0 发展的总方向是聚焦产业基础高级化、产业链现代化，打造“产业更特、创新更强、功能更优、形态更美、机制更活、辐射更广”的特色小镇 2.0。特色小镇建设的重点被进一步明确为：抓产业提质，全力抢占产业链制高点；抓有效投资，大力增强小镇发展后劲；抓科技创新，着力提升内生发展动力；抓体制机制，倾力打造最优营商环境；抓风貌特质，努力建设最美特色小镇。

相较特色小镇 1.0，浙江特色小镇 2.0 的产业运营围绕产业提质、科技创新与联动平台三个层面进行。

一是在产业提质方面，浙江特色小镇 2.0 在“坚持自身产业特色不动摇”的基础上，不断强化主体培育，加快补齐产业链缺环，在特色小镇集聚了一批功能互补的优势龙头企业，培育了一批“专精特新”企业，打造了一批“单打冠军”和“隐形冠军”，以特色小镇为核心带动上中下游企业进行产业链重组，形成了一批高能级产业集群。例如，西湖云栖小镇以城市大脑等应用场景先行先试来延长产业链条的示范应用模式；余杭艺尚小镇以电商平台引领企业梯队培育，促进龙头企业、高端人才、设计机构、金融资本等产业链要素整合的平台引领模式；下沙医药港小镇以搭建服务平台，完善研发设计、检验检测等公共服务体系实现产业链升级的生态化发展模式，都已成为高能级产业集群打造中不断强链、补链的重要示范举措。

二是科技创新方面，浙江特色小镇 2.0 不断加快推动高新企业、高新技术、高端人才、高效资本优先向特色小镇集聚，营造了科创型双创生态。特别是通过引进重点实验室、大科学装置、高端研发机构来促进创新原始动力模式发展；通过推进创新综合体、众创空间、共享实验室等创新平台来促进应用型创新模式发展；通过优化政策体系，完善引导基金、天使基金、产投基金、创新券、房租减免、政策性融资担保手段来促进创新政策环境模式发展；通过构筑“孵化—加速—产业化”的接力式孵化链条，建立“龙头企业 + 众扶平台”“产业资本 + 孵化器”“科研院所 + 企业 + 平台”等多种创新组织模式，在特色小镇率先建成“产学研用金，才政介美云” + 联动创业创新生态圈，形成以特色小镇为种子仓和孵化器、周边园区承接小镇产业孵化、溢出的发展模式。多种模式共同发力，促进特色小镇科创资源汇聚、创新生态形成。

三是联动型辐射平台搭建方面，通过推动云栖、物联网等数字经济小镇技术输出，推动形成数字经济小镇与实体经济小镇联动发展模式；通过推广“孵化 + 转化”接力，加强梦想、大创等双创类小镇与制造园区联动发展，推动形成成果就近转化模式；通过推广“创意 + 传统”联动，发挥艺尚、艺创等创意类小镇资源优势，积极推动形成创意小镇与传统产业深度融合模式；完善产业转移机制，借鉴滨江与富阳特别合作示范区建设经验，探索建设一批飞地型特色小镇产业化基地模式……这些做法极大促进了协同、联动的特色小镇生态网络的形成。

2. 成效

浙江特色小镇作为一种拥有全新发展理念的高端平台，在实际发展过程中涌现出一批先进要素集聚、产业专特高精、产城人文融合、体制机制创新的精品典型示范小镇。一些特色小镇成为供给侧结构性改革的新平台，促进了产业基础高级化和产业链现代化。一些特色小镇成为新型城镇化建设的新空间，促进了农业转移人口市民化和农民就地就近城镇化。一些特色小镇成为城乡融合发展的新支点，促进了城乡要素跨界配置和产业协同发展，带动了农民持续增收。截至 2020 年，浙江省级特色小镇队列中，共有 42 个命名、101 个创建、51 个培育小镇。42 个省级命名的特色小镇中，产出超百亿元的小镇达 21 个。2020 年，浙江全省入驻特色小镇的高新技术企业达 1716 家，其中世界 500 强企业 112 家。浙江的特色小镇，占到了全省 1.8% 的建设用地面积，亩均产出、税收分别为 853.6 万元和 54.2 万元，分别是浙江全省“规上”工业企业的 1.6 倍和 1.8 倍。

三、启示

建设特色小镇是新时代推动乡村振兴的有效举措，是实现城乡融合发展的重要载体和突破口。

一是特色小镇建设要有特色产业做支撑。特色小镇建设要充分挖掘乡村资源优势、文化特色等，精准利用产业基础和人文禀赋，分析周边相关产业特点，拓展原有经营方式的价值链条，因地制宜确定并发展特色产业。聚焦特色产业，是乡村振兴“产业兴旺”的具体要求和实现高质量发展的现实需要，特色小镇的招商、引资、引才都需与所确定的特色产业相契合，从而合理运用先进的要素资源，提升特色产业发展效能，带动乡村振兴。特别是，特色小镇的产业支撑要以创新为驱动力，注重新技术的运用和新产品的推出，强调新技术新产品的示范性和引领性，借助工业化成果推动农业发展质量提升，让一二三产业融合发展为农村更好发展提供助力，在此基础上高质量发展观光农业、乡村旅游等相关产业，将“乡愁”赋予特色小镇的同时，将特色小镇打造成农业现代化的样板，为农民创造更多收入，带动地区创新发展。

二是特色小镇建设要有高端要素聚集功能。特色小镇建设要打造生产生活生态融合的宜居环境，吸引高端要素集聚，构筑创新高地。特别是要提供人类居住、消费、休闲和娱乐等为主导功能的人本氛围，提供多层次、多元化的公共服务，提供生态产品和生态服务为主导功能的绿色生态空间，营造有利于要素集聚及产业发展的政策环境。特色小镇培植的特色产业、营造的“三生”融合环境等要共同产生“虹吸效应”，吸引优质人才回归乡村、建设乡村，为乡村振兴输入人才动力。只有在上述“三生”空间的基础上，才能通过文化渗透、文化互动，强化特色小镇的文化内涵，推动城乡之间的互动、融合更加直接、畅通。

三是要形成特色小镇建设的政策合力。特色小镇建设是经济发展模式的一种有益探索，具有联结城市与乡村的纽带作用和融合优势。特色小镇建设，要从统筹城乡发展的战略高度将其作为重塑城乡关系、促进城乡融合发展的突破口，强化顶层设计，加强政策支持。建设初期侧重于政策制定完善及倾斜，助推初期优势的形成。在建设过程中，要对特色小镇的政策、规划进行有效梳理和整合，明确主管部门和协作部门职责分工，分类指导，确保落地实施，实现对特色小镇建设资源的高效利用。对特色小镇建成后的管理要注重动态调整，不断优化，实现特色小镇的可持续发展。

第四节　广东城乡融合发展路径

党的二十大报告提出，“坚持城乡融合发展，畅通城乡要素流动”。[1] 近年来，广东不断强化实施乡村振兴战略的自觉性和坚定性，促进乡村全面发展，大力推进城乡融合，走出了广东特色的乡村振兴之路。

一、背景

广东是中国的南大门，是改革开放的最前沿。在经济发展上，广东走在了前面，素有“世界走一步，广东走四步”之说。但是广东 15 万多个自然村与城市差距越拉越大，3200 多万的乡村人口与城镇居民收入差距也没有明显缩小之势，基本保持在 2.5:1 以上。

2018 年是乡村振兴战略实施元年；也是这一年，习近平总书记来到广东，为新时代广东改革发展掌舵领航、把脉开方。总书记强调，“城乡区域发展不平衡是广东高质量发展的最大短板。要下功夫解决城乡二元结构问题，力度更大一些，措施更精准一些，久久为功。要坚持辩证思维，转变观念，努力把短板变成‘潜力板’，充分发挥粤东西北地区生态优势，不断拓展发展空间、增强发展后劲”。然而长期以来，随着工业化进程的快速推进和城市的不断扩张，广东农村地区一定程度上成为了城市高速发展的附属品。乡村发展的种种问题呈现点多、线长、面广的状态，乡村空间、形象、功能、产业、基础设施、社会服务等方面发展欠账较多，土地问题、治理问题、生态问题等多方交织，难以短期抓出成效；同时，迫于地方经济增长和财政压力，招商引资、产业项目和城市建设等长期优先于农业农村农民发展，城乡之间缺乏直接的有效协作，城乡发展差距越拉越大。

---

① 习近平:《高举中国特色社会主义伟大旗帜　为全面建设社会主义现代化国家而团结奋斗——在中国共产党第二十次全国代表大会上的报告》，2022年10月16日。

二、举措及成效

广东省委、省政府从区域特征出发，发挥各地综合比较优势，形成“一核一带一区”区域发展新格局的战略思路，不断建立健全城乡融合发展体制机制，打通城乡要素合理流动的渠道，着力解决好人、地、钱三个问题。

一是加强顶层制度设计，优化城乡空间格局。2019 年以来，广东明确思路、先行先试，有序推进城乡融合发展。广东接连出台《关于构建“一核一带一区”区域发展新格局促进全省区域协调发展的意见》《广东省建立健全城乡融合发展体制机制和政策体系的若干措施》《广东省县城新型城镇化补短板强弱项实施方案》等多项文件，形成了一系列行动方案和一大批重点建设项目，城乡融合发展的体制机制加快完善。与此同时，广东充分发挥广州、深圳双城引领作用，引导河源、汕尾、清远等环珠三角城市深度融入珠三角，基本形成“广佛肇＋清远、云浮、韶关”“深莞惠＋河源、汕尾”“珠中江＋阳江”三大新型都市区。通过构建和打造国家城乡融合发展试验区广清接合片区、国家县城新型城镇化建设示范县（市）、城乡融合发展省级试点、省城乡融合发展改革创新实验区等示范引领平台，广东省域核心城市正有序向沿海经济带和北部生态农业区的城镇和乡村疏解珠三角城市群的非核心功能，把生态文明建设融入城镇化进程，加强城乡协调与合作，建设美丽乡村，实现融合发展。

二是促进城乡资源要素自由流动。一方面是推动激活土地、资金等生产要素。2019 年 7 月，广东出台《关于加快推进农村承包土地经营权流转的意见》，提出加快土地流转的十条措施。为解决农业各要素配置中的资金短板问题，广东尝试利用信息和电子集成技术为农业产业化各个环节赋权赋能、增信扩资，为一二三产业融合和城乡协调发展提供信贷支持。另一方面是加快破除农民进城、人才入乡障碍。广清接合片区是全省唯一的国家城乡融合试验区，两市积极开展人口迁徙方面的改革，实施租房也可落户、放宽直系亲属投靠入户限制、允许兄弟姐妹投靠入户等举措，推进建立城乡有序流动的人口迁徙制度。同时注重建立人才入乡机制，实施大学生村官、“三支一扶”和“青春建功”行动，鼓励高等院校涉农专业毕业生从事支农工作，鼓励符合条件的企业家、党政干部、专家学者和专业人才等参与乡村振兴建设，探索符合条件的返乡就业人员在原籍地或就业创业地落户，鼓励农村集体经济组织吸纳人才加入。通过促进城乡资源要素自由流动，加速农业产业转型升级，统筹城乡公共设施建设，推进城乡融合发展。

三是促进城乡产业融合发展。广东从优化产业结构、拓展流通渠道、打通加工链条、重塑品牌形象等方面多管齐下，构建农产品“12221”市场体系。目前，全省已创建14个国家级、160个省级、55个市级现代农业产业园，主要农业县实现省级现代农业产业园全覆盖，形成国家级、省级、市级现代农业产业园梯次发展格局。吸引返乡创业人员数2.55万人，辐射带动123万农民就业。财政资金撬动作用效果明显，省级财政资金撬动比达到1:4.36。广东还创建农业公园100家，使之成为农村三产融合和农业新业态新产业示范区。[①]

四是推进城乡公共服务和基础建设均等化。广东加大统筹省级财力用于保障基本公共服务，“十三五”时期，全省共投入基本公共服务领域财政资金4.6万亿元，年均增长7.8%。广东省还先后出台了《广东省基本公共服务均等化纲要（2009—2020年）》《广东省完善基本公共服务均等化推进机制的实施方案》等，推动构建各

---

① 刘伟:《高质量推进城乡融合的广东实践》，《南方杂志》数字期刊，2022年第2期。

级财政稳定投入机制，出台了基本公共服务领域、医疗卫生领域、教育领域财政事权和支出责任划分改革方案。在此基础上，广东进一步深化户籍制度改革，深入推进居住证制度。整体来看，广东全省城乡基本公共服务均等化推进机制不断完善，正在逐步形成广覆盖、多层次、标准化、公平可及的公共服务体系。[①]

实施乡村振兴战略以来，广东省持续补齐短板，把短板补齐扎实，以整体性政策积极推进城乡融合发展，吸引更多的投资，让南粤农村更靓丽，让农民生活更富足。2021 年广东全省第一产业投资同比增长 31.8%，高于全国 22.7 个百分点。全省第一产业总产值继续稳步增长，创近 34 年来最高。广东全省农村居民人均可支配收入 22306 元，城乡居民收入比降至 2.46:1。这是继 2020 年的 2.49:1 之后，城乡居民收入比再次保持在 2.5:1 以内。2013—2021 年，广东省农村居民人均工资性收入年均增长 10.7%，对农村居民人均可支配收入增长的贡献率达 63.1%。[②] 全省完成“农村人居环境基础整治”自然村 15.3 万余个，覆盖率由 2017 年的 62% 提升至 2021 年的 99.8% 以上。农村卫生户厕普及率、农村生活垃圾收运处置体系和农村生活污水治理率 3 项指标均居全国前列；通乡镇和行政村路面硬化率、行政村通客车率、农村公路列养率均达 100%；农村 5G、4G 基站数量均居全国第一，行政村 4G 网络实现全覆盖。[③]

---

① 广东省人民政府办公厅:《广东省公共服务“十四五”规划》，2021年11月11日。

② 黄进、陈薇:《推进共同富裕有新成效　广东城乡融合发展趋势向好》，《南方日报》，2022年4月2日。

③ 清远市发展和改革局:《〈南方日报〉点赞我市城乡融合发展经验！》，2022年5月20日。

三、启示

城乡融合发展，就是从以往的城市单一中心转换为城市与乡村的双中心，改变农业附属于工业、农村附属于城市的格局，使乡村成为具有自主发展能力的一端。要充分发挥乡村的各类资源优势，在与城市和工业相互交织、三产融合发展中寻求自身的地位和价值，在与城市和工业的交流和交易中共寻双赢的道路。

一是打破城乡要素自由流动的体制障碍。以土地、涉农资金、涉农服务平台“三个整合”，激活农业高质量发展的主体、要素和市场。着力化解“资本下乡”的制度性障碍，创新金融服务模式，大力弘扬绿色金融、生态金融、共生金融理念，提升金融服务对乡村产业、乡村生活的普惠性和有效性。要以土地为突破口，激活沉睡资产，集聚增量资产，优化配置土地资源，通过“资源变资产、资金变股金、农民变股民”，形成合理的农民、集体、工商资本或经营管理主体等多方利益共享机制，建设以共同富裕为导向的农村发展共同体。根据乡村振兴的需要，更加有针对性地推进技术下乡，利用互联网、物联网、区块链等手段，实现智慧乡村链接智慧城市，有效促进农业技术集成化、劳动过程机械化、生产经营信息化、安全环保法治化，加快构建适应高产、优质、高效、生态、安全农业发展要求的技术体系。强化城乡人才结对帮扶，完善外出务工人员对接机制。培育“新乡贤”和“乡贤文化”，畅通乡贤与乡村信息的互联互通机制，引导乡村社会见贤思齐和在外乡贤返乡服务，让“新乡贤”成为乡村振兴中的正能量。

二是发挥城市产业优势，深化城乡产业协同。着力把城市产业体系嫁接到现代农业中，发展现代都市工厂式、立体化的设施农业，发展创意农业，探索农业生产租赁、众筹定制等新业态，促进农村产业结构优化升级。加快发展农业生产性服务业，完善农产品冷链物流体系建设，健全农产品产地营销体系，建设双向互动的农村电商服务系统，努力促进农产品生产、加工及服务环节的纵向一体化。加强农产品加工园区、现代农业示范区、农业综合体、特色农业专业镇、现代农业博览会等融合发展平台，引导农村产业集聚发展、配套发展。

三是着力生态互促，推进民生福祉。良好生态环境是最公平的公共产品，是最普惠的民生福祉。乡村不应只是提供农产品的生产基地，而是应充分体现其作为生态保护空间、宜居生活空间、休闲度假和旅游空间等的潜在独特价值。要在生产、生活、生态“三生”融合趋势下，紧贴城镇居民对美好生活的新需求，以城市的资本、技术、人才改造传统农业农村，提升农村生态涵养功能，建设美丽圩镇，发展美丽经济，充分实现生态产品价值化。要依托链接城乡的网络社群平台，开展“市民下乡、能人回乡”引导工程。通过信息对接，引导能人、企业家、知识分子、城镇居民去农村发展农家乐、休闲农业、乡村旅游、美丽乡村、康养基地等，开辟第二生活空间，使他们成为以城带乡、以工促农、城乡融合发展的中坚力量。

后记

脱贫攻坚取得胜利，标志着我们党在团结带领人民创造美好生活、实现共同富裕的道路上迈出了坚实的一大步，全面推进乡村振兴是“三农”工作重心的历史性转移。2021 年，中共中央、国务院相继发布了《关于全面推进乡村振兴加快农业农村现代化的意见》《关于实现巩固拓展脱贫攻坚成果同乡村振兴有效衔接的意见》。2021 年 4 月 29 日，十三届全国人大常委会表决通过《中华人民共和国乡村振兴促进法》。2021 年 3 月，山西省委下发《关于全面推进乡村振兴加快农业农村现代化的实施方案》一号文件，出台了《关于巩固拓展脱贫攻坚成果有效衔接乡村振兴的实施方案》等，确定了山西全面推进乡村振兴、加快农业农村现代化的“路线图”和“任务书”。

为落实国家关于乡村振兴工作的指示和精神，有效实现巩固拓展脱贫攻坚成果与乡村振兴工作的顺利衔接，需要一套源于实践的出版成果，将理论与实际工作相结合，深入梳理山西乡村振兴工作的有效做法、突出亮点、经验模式，弥补相关研究的空缺，传承并共享在乡村发展过程中积累的宝贵经验和智慧，同时为政策制定者和实施者提供实践中的指导和启示。

应省委、省政府要求，《山西乡村振兴经典案例》（共三编）于 2022 年 2 月立项并正式启动，由杨茂林担任学术指导及主编，赵旭强具体负责组织实施。全书分为《先行示范编》《整体推进编》《重点帮扶编》，分别对应山西乡村振兴先行示范、整体推进、重点帮扶“三类县”，各编所选案例均来自对应的县（市、区）。其中《先行示范编》由转型发展研究所负责编写，《整体推进编》由研究二部负责编写，《重点帮扶编》由经济研究所负责编写，同时吸收了院（中心）办公室、内刊部、社会学所、《经济问题》编辑部等部门的多位同志参与。

在众多热心人士的共同努力下，经过两年多的辛勤耕耘与精心打磨，这套书终于圆满完成。回想整个项目历程，从案例采集到图片收集，再到案例编写，每一步都充满了挑战和艰辛。考虑到案例的代表性、生动性、示范性、启发性，项目组多次分赴山西各地开展调研，采集到乡村振兴案例 120 多个，同时搜集了大量的文献和图片资料。时值新冠疫情期间，为统一思路、进度、形式、内容、写法，项目组多次召开线上研讨会，力求案例撰写的高质量和高水准。从项目立项到书稿基本完成，恰逢党的二十大召开，在此期间，我们深入学习并领会二十大精神，及时把关于乡村振兴的新思想、新理论、新政策融入案例之中，进一步确保了研究成果的时效性、前瞻性和指导性。

囿于编撰团队成员的专业背景差异，书稿在行文笔触、材料选取等方面与最初设计有一定差距，尤其是图片采集采用上离出版要求差距较大。为此，在杨茂林的统一指导下，我们又用了半年多时间，几经修改，并积极调动各方社会资源，为所编写的案例补充了所需的图片和材料，直到 2024 年 4 月，整套书的修订和配图工作才基本完成并进入出版环节。

作为一套乡村振兴案例图书，我们既想全面展现山西在乡村振兴工作中有借鉴意义的、优秀的、有效的经验做法，又想发挥编著者的专业优势，所以在案例编写中加入学理分析，这也相较同类书籍具有一定的创新性，但其中的困难超出了我们的想象。在案例采集环节，山西 11 个地市的政府发展研究中心给予了我们很大支持。为了得到更高质量的图片，山西省委农村工作领导小组办公室秘书处韩晓堂处长、山西省扶贫宣传中心郭洪主任给予了我们很大帮助。在审稿阶段，王云珠研究员、武小惠研究员提供了宝贵的修改意见和建议。三晋出版社莫晓东社长对整套书的设计、规划、编写提供了有效的建议，还对该书出版给予了大力支持。此外，山西省社会科学院（省政府发展研究中心）刘波助理研究员全程参与了案例和照片的采集工作，并承担了项目管理工作。在此，谨向所有支持帮助本书编写的单位和同志致以衷心感谢！

《先行示范编》编入的案例来自乡村振兴先行示范县。该编由转型发展研究所孙秀玲研究员、栗挺副研究员统编，各章节具体分工如下：第一章由孙秀玲、李新刚负责，第二章由何静负责，第三章由崔亚妮负责，第四章由栗挺负责，第五章由郭明敏负责，第六章由李新刚负责，附录由崔亚妮负责。

由于能力和经验的局限，本书在案例征集以及编写过程中，难免还有疏漏与不足之处，恳请读者和各方人士批评指正。

《山西乡村振兴经典案例》编纂委员会

2024 年 7 月